岗位创新 赢得竞争优势

魏峰　谢月华◎编著

创新，是第一生产力，是核心竞争力！

人民日报出版社

图书在版编目（CIP）数据

岗位创新：赢得竞争优势 / 魏峰，谢月华编著. --
北京：人民日报出版社，2022.12
ISBN 978-7-5115-7525-8

Ⅰ.①岗… Ⅱ.①魏…②谢… Ⅲ.①企业竞争-研
究 Ⅳ.①F271.3

中国版本图书馆 CIP 数据核字（2022）第 207463 号

书　　名：岗位创新：赢得竞争优势
GANGWEI CHUANGXIN：YINGDE JINGZHENG YOUSHI
作　　者：魏　峰　谢月华

出 版 人：刘华新
责任编辑：刘天一
封面设计：陈国风

出版发行：人民日报出版社
地　　址：北京金台西路 2 号
邮政编码：100733
发行热线：（010）65369527　65369846　65369509　65369510
邮购热线：（010）65369530　65363527
编辑热线：（010）65369844
网　　址：www.peopledailypress.com
经　　销　新华书店
印　　刷　北京柯蓝博泰印务有限公司

开　　本：170mm×240mm　　1/16
字　　数：180 千字
印　　张：13. 5
版次印次：2023 年 4 月第 1 版　　2023 年 4 月第 1 次印刷

书　　号：ISBN 978-7-5115-7525-8
定　　价：59.80 元

序

这是一个创新的时代，是一个人人都能凭借想象力任意翱翔的时代。创新，改变了我们的生活方式和工作方式，并正在进一步为整个人类社会做出突出贡献。

海尔集团创始人张瑞敏说：“创新就是要不断战胜自己，也就是确定目标，不断打破现有平衡，再建立一个新的不平衡；在新的不平衡的基础上，再建一个新的平衡。”这段话形象地道出了企业发展的必经之路——创新、打破、再创新。企业如此，个人亦然。

翻开人类历史的长卷，我们可以看到无数伟大的科学家正是通过创新才到达成功的彼岸。我们在自己的岗位上想要获得长足的进步和发展，同样离不开创新。创新是一种观念，也是一种使命，每个人都应当勇于抛却过往取得的成绩重新起航，为实现下一个更高的目标持续奋进。

在这个过程中，创新的意义不言而喻。创新意味着突破、颠覆，甚至是对以往的否定和打破，也意味着我们必须永葆探索欲、好奇心，乐于在岗位上出新出奇、求新求变。

在工作中，很多员工都乐于按部就班，习惯于做好分内事，这本无可厚非，但循规蹈矩有时意味着裹足不前，会逐渐丧失创造力，思想上也会画地为牢，被经验和已经取得的成绩束缚，不利于提升职业竞争优势。为此，必须设法突破创新边界。

人人都有创新的潜力，创新也是无处不在的，那种认为创新只能由高智商人群实现的认知必须从我们的思想意识中彻底剔除。创新无关于行业、无关于岗位、无关于职务，它只与我们的观念、意识、智慧和勇气有关。

每一个热爱学习、工作和生活的人都有成为创新能手的潜质，创新代表的是我们内心深处对卓越人生的孜孜追求。当我们能够在平凡的工作中坚持不懈、持之以恒地探索实践时，就标志着我们正在不断地为自己的职业生涯赋能。

创新是最珍贵的财富，拥有这种能力，便会把握住生活的最佳时机，从而缔造出令人刮目相看的奇迹。而从员工的角度看，懂得运用创新思维解决实际问题，就更容易成为企业的中坚力量，成为独一无二、不可替代的人。

本书从创新意识、创新思维、创新方法、创新潜能等几个方面入手，着重阐述如何能在平凡的岗位上实现创新，以应对激烈的市场、职场竞争。同时，也阐明要想实现岗位创新、增强职业竞争优势必须具备“主动创新”“打破规则”“保持危机意识”“反向思考”等能力。

目 录

第五章 求新求变——永远保持“更新”的能力

第六章 博采众长——让点子“燃”起来

第七章 提升学习力——拓宽创新的维度

第一章

唯创新者胜——做最有价值的员工

创新驱动发展，企业和个人都会因创新而受益。通过创新，员工会改变自己的现状，改变自己的思路，转化自己的思维，进而让自己成为具有非凡价值的员工。

1. 革故鼎新，激活无限创造力

乔布斯说："领袖和跟风者的区别就在于是否有创新，你的时间有限，不要将时间浪费在模仿别人这种事上。"创新是企业基业长青的秘诀，更是员工在激烈的职场竞争中站稳脚跟的关键。一个人拥有创造思维、创造力，便会在工作中持续创新，从而实现职场跃迁。

创新并非某些专业人士的专属，也不要求一个人必须具备超乎常人的智慧和能力，它是一种源于勤奋、坚韧、耐心、细致等优秀品质的"衍生品"，正如量变引起质变一样，当一个员工对工作充满热情，全情投入，那种创新意识便会扎根于心，如一股清泉一般缓缓流出。

赵正义原是一名只有初中学历的农民工，但他凭借着创新精神，却荣获了国家科技进步二等奖。他发明的"赵氏塔基"——塔桅式机械设备预制混凝土基础项目，是拥有完整自主知识产权和完整技术体系，并可以实现产业化的项目。他的发明，一下子解决了传统的整体现浇混凝土塔机基础浪费资源、污染环境的世界性大难题。

当结果出来后，谁都想不到它的发明人居然是一位农民工。面对记者的采访，他说："我从一个农村瓦匠走到今天，靠的就是两个字——创新！"

他 30 岁进入乡镇建筑工程队做瓦工，在工作岗位上兢兢业业、吃苦耐劳，边学边干。白天"偷师"，晚上就在自家院子里操练，从调拌砂浆到搬砖、砌筑，每天如此。历经半年的磨炼，他砌墙的5个指标全部达到优等水平，且在8个小时内所砌的3500块砖产生的误差也远低于国家标准，令人赞叹。

不过，赵正义并不满足于此，他的想法是："别人能做到的我能做到，那是'学习'；别人做不到的我能做到，那才是'创新'。创新是人生价值的最好体现！"于是他在工作中开始琢磨各种创新方法。

在做瓦工时，他便陆续创造了室内抹灰护角制作的新工具和新工艺，还被收入到《砖瓦抹灰工实用技术》和《建筑施工手册》中。凭借着踏实肯干和创新精神，他的职位也随之一路晋升，从瓦工、班组长、质检员、质量科长……最后坐在了经理的位置上。而无论他的职位怎么变化，永远不变的则是他创新、改革的勇气。

有一次，公司准备淘汰落后的轨道式塔机，引进新型固定式塔机。赵正义经过走访调查，发现市面上的塔机都是整体现浇混凝土基础，这样不但会造成污染，还会形成地下管线障碍物，且使用寿命不到半年。

为此，赵正义向50多家国内塔机厂家技术部门咨询，是否可以改变这种传统塔基？但却得到了统一口径的回复：这是世界性难题！

凭着一股不服输的劲头和创新理念，赵正义埋头苦干，细心研究，最终成功发明了"赵氏塔基"，让世界为之侧目！

具备创新精神是员工的立身之本，赵正义正是凭借着这种精神，不但保住了自己的"饭碗"，还为这个"饭碗"镀了一层"金"。

每个走进职场、走上工作岗位的人都有自己的目标，有的人只是单纯地想拥有一份工作，有的人则把工作视为实现价值的机会，于是他们在工作中始终保持着积极的心态，拥有饱满的工作热忱，敢于开拓，也敢于向规则发起挑战。

相比起消极对待工作的员工，主动创新的员工总在寻找突破口，希望改变现状。他们往往会在工作中找到自己真正感兴趣的东西，而后不断更新想法，不断实现岗位创新。在这一次次的更迭中，他们获得一份份成就感，并最终在工作中脱颖而出，成为翘楚。

2021 年 7 月 10 日，几年前曾放弃进入机关科室工作的张宝第，成了亭南煤业公司的一名员工。两个月后，他在跟随一位老师傅修理钻机回油滤清器时，因为太过用力拧断了四个螺丝帽中的一个，这导致设备无法打开进行维修，如果修不了，这个价值 1 万多元的物件就没用了，他不禁焦急万分。

李师傅在一旁让他想想有什么办法，张宝第左看右看也没什么思路，李师傅笑着说："别看你的学历比我高，论现场处理问题，你可就不如我了。"说完，李师傅只是简单地在断掉的地方重新焊接了一个螺丝，便轻松地解决了问题。

这件事对张宝第的影响很大，后来他说："有真本事才是赢得未来竞争的关键，有文凭更要有水平，有些知识是书本上没有的，只有通过实践才能逐步掌握。"他很清楚，李师傅之所以可以轻而易举地解决那个难住他的问题，就在于他有着丰富的经验，可见创造力是依托于长期积累的。此后，他扎根一线，从基础做起。

2021 年 5 月，做监工工作的他遇到了一个棘手问题——地面瓦斯抽放站抽放管路"六位一体"监测装置是插入式探头，很容易受到管路中的水和煤泥等物质的影响，如果不及时处理，短短三个月内这套近十万元的六位一体设备就会因腐蚀而坏掉，致使监测数据不能及时传送。

发现这个问题后，张宝第开始琢磨用什么办法可以避免探头碰水。为此他发明了一个啤酒状气水分离装置，并分别焊接了一个进气变径和出气变径，又在装置顶端安装了监测探头，与抽放管路并联起来，这下便成功地解决了水碰探头的问题。

张宝第的这一发明得到了领导的赞赏，他此后也积极开动脑筋，在创新上屡出成绩：研制成功螺杆马达维修平台；优化改造钻机、钻进工艺、封孔工艺、抽采工艺等。他几乎月月都有创新，出自他手的发明获得过国家实用型专利、公司“四个四”创新创效奖等。

张宝第在创新的路上阔步向前，孜孜以求，他说：“亭南煤业给了我成长的天地，给我提供了施展才华的舞台，我深深地爱着这片沃土。”

著名管理大师杰弗里说：“创新是做大公司唯一之路。”企业缺乏创新，在商场上便会失去战斗力，也不可能会做大做强。员工也是如此，没有创新精神就不会有创造力，也自然无法扭转困局。

不创新，即死亡。创新是什么？它是通过创造或借助新技术、新观念等创造出新产品、新服务，并将其应用于社会从而实现价值的过程。员工在个人岗位上实现价值的最佳方式除了努力工作，便是创新，那么，如何才能成为一名创新型员工呢？

首先，坚定信念。在工作中，带着创新信念去工作，不要把创新看得那么神秘，更不能产生“创新是科学家的专利”的想法，人人都有创新的机会。

其次，精耕细作。俗话说，“干一行，爱一行”，在自己的工作岗位上应保持勤勉、奋进的态度，精耕细作，抓住容易被忽略的重要细节，促成一次次创新。同时，当我们在自己的工作岗位上投入更多的精力和心血时，会对问题产生新的认知，这也正是培育创造力的沃土。

第三，善于观察。敏锐的观察力是实现创新的一个必要前提，在很多场景中，通常能够实现创新的“奇点”就在眼前，但很多人却都忽视了，这也是导致“只有少数人可以创新”这种局面的关键因素。敏锐的观察力，会让大脑细胞变得更加活跃，对一个熟悉的事物也会产生新的理解，这都是深入观察带来的效应。

第四，保持韧劲。创新是一个持续探索和试错的过程，其中困难重重，如果遇到阻碍便打起退堂鼓，止步不前，就永远没机会揭开创新的面纱。因而，必须保持锲而不舍的韧劲，遇到困难不退缩、不气馁、不轻言放弃，只有具备足够强烈的创新意志，才能在岗位创新活动中稳步向前，达成目标。

2. 岗位有高低，创新无大小

无论身在何种岗位、何种职位，都可以发挥无限创意，实现创新。每个人都有无限可能，不同的经历、知识结构、经验以及思维方式，会让他们的思想朝向各个不同的角度，从而激发大脑潜能，实现创新。

对于岗位创新，有些基层员工不以为然，觉得自己在普通岗位上工作，能做好分内事就够了，至于创新，与自己从无半点关系。事实上，创新对于工作方式的改进和效益的提升大有裨益，如果处在平凡岗位就失去了创新的热情，也就等于亲手毁掉了自己的职场晋升空间。创新从不是少数人的天赋异禀，“心有多大，舞台就有多大”，只要主观上愿意付出，积极开拓思路，每个人的舞台都将无比宽广。

一汽集团一汽—大众有限公司钣金整修车间工段长王洪军，获得了国家科技进步二等奖。在领奖时，他谦虚地说："我没有想到能得到这么高的荣誉，我只是在平凡的岗位上搞了一些发明和创新。"

王洪军在钣金整修岗位上辛勤耕耘二十载，兢兢业业，埋头苦干，在平凡的岗位上做出了突出的成绩。

众所周知，车身上的零部件形状各异，位置不同。以前国内都是从德国进口整修工具，一套工具价格高达5万元。不过这么昂贵的工具也不是万能的，不能修复所有缺陷。王洪军看在眼里，记在心上，他开始琢磨如何制作工具来填补空白。

起初，他制作了一件修理车身侧围和顶盖的钩子，经过一个多月的不断尝试，终于研制成一套钣金修理的钩子。这套工具在实际工作中得到了很好的反馈，大家都说用起来很顺手。打那以后，王洪军在工作之余便一头扎进"发明创造"之中。

十几年间，出自王洪军之手的工具多达40多种、2000多件，这些工具可以应用在各种各样的场景之中，这促使整车质量和生产节奏都有了很大提升。

有人说，王洪军在创新方面"软硬兼施"，"硬"是指发明工具，"软"是指探索新方法。他一边发明改进工具，一边琢磨如何让钣金整修更快、更高效。有工友后来回忆说："他每天都抱着重十几斤的高频打磨机，在废旧车身上练习，手磨破了、胳膊划伤了，他也毫不在意。"

付出总有回报，经过多次实践，王洪军练就了通过手摸就可以检查车身的独特检查法，还总结了凹坑、死点坑、边缘坑、弧面坑等缺陷的整修办法。他把自己掌握的各项技能加以整理、归类，形成了一套包含47项、123种既实用又便捷的轿车车身钣金整修方法。

当王洪军用自己的方法修复了德国专家认定已经不能修复的车身后，后者惊诧万分，他们将修复的地方亲自拆除、分解后，发现完全符合要求。

创新，让王洪军成了公司的“明星”。大众公司的一位德方经理说：“我们也应该学习他的创新精神，他是我见过的大众集团全球范围内最优秀的工人。”

创新来自工作岗位上的点点滴滴，来自坚韧不拔的心，也来自善于发现的眼睛。翻阅各种资料可以看到，很多发明创造的持有者并非身份显赫、背景深厚的人，他们更多的只是平凡工作岗位上的普通工人，他们之所以能实现创新，是因为不囿于条条框框的束缚，热爱学习，并愿意付出辛苦。

有人说，创新难道不是灵光一现，迸射出思维的火花吗？诚然，这是一种创新，或者说是一个创意的来源方式。实际上，创新并非一定是“灵光乍现”，当一个人善于积累和摸索，便可以在现有资源的基础上进行二次创造，这种创造也是创新。

每一名员工都是创新之源，而且往往越是新员工越有创新精神，反倒是经验丰富的老员工却会在创新路上踟蹰不前。这是因为老员工在一个岗位上待的时间越长，越容易形成“习惯”，这种“习惯”会造成思维僵化，每天按部就班，缺乏新意，久而久之，便失去了创新精神。

每一名新员工最终都会成为老员工，为避免形成导致思维僵化的“习惯”，有必要从以下几个方面入手，以确保自己在岗位创新上永葆活力。

第一，重视积累。创新立足于所储备的各类知识的基础之上，我们很难要求一名小学生在工地的钢筋运输和泥瓦方面提供新想法、新路子。所以要在头脑中积累大量知识，这些知识会让我们在进行创新时更容易放开手脚，有的放矢。

第二，从观察到实践。旧事物和旧格局为创新提供了生存的土壤，但前提是我们要善于观察，找到可以被更新的事物，并了解哪种方式可以将其取而代之。随后的实践，就成了一切想法的“镜子”，可以映照出那些想法到底会带来怎样的结果。

第三，从盲目到清晰。创新没有标准，它是一种思维和心理领域的活动，也往往是从“盲目”开始的。“盲目”的创新也是一种创新，会让一个人了解到哪个方向是错误的，这种试错虽然有成本，却不会造成毫无意义的浪费。在一次次的思维训练中，我们往往会摸准创新命脉，从而为工作带去强大的推动力。

陶行知说：“处处是创造之地，天天是创造之时，人人是创造之人。”立足本职工作，主动唤醒创新意识，逐步提升创新能力，在普通岗位上一样可以做出非凡的成就。

2013 年 7 月，郭迪明在校园招聘会上应聘成功，成为江西中船航海仪器有限公司职员。

刚进入工作单位，郭迪明便为自己规划了第一个“五年计划”——安心工作、刻苦钻研，成为工程师，可以独立负责项目，每年申请一项专利、发表一篇文章。在此后的工作中，他始终坚定目标，步步为营。

工作期间，他认真地完成每一张图纸、编制每一份文件，他参与或承担的项目超过 30 项，申请并授权的专利有 23 项，并发表了 6 篇文章。

2016 年，郭迪明被评为集团公司专利先进个人；2017—2018 年荣获中央企业和集团公司青年岗位能手；2019 年成功入选九江市第七批“双百双千”人才工程学术学科带头人；2020 年被评为中船九江海洋装备（集团）有限公司创新先进个人。

当公司进入转型发展关键期时，郭迪明担当重任，带领一支科研队伍攻克了从未接触过的课题，提升了公司自主创新能力及综合竞争力。近年来，他更因出色的创新能力使得所带领的团队获得了省部级及以上的集体荣誉10项，其中有6人获得省部级科技进步奖。

习近平总书记在与全国劳动模范代表座谈时曾说，全国各族人民都要向劳模学习，以劳模为榜样，发挥只争朝夕的奋斗精神，共同投身实现中华民族伟大复兴的宏伟事业……当代工人不仅要有力量，还要有智慧、有技术，能发明、会创新。

创新不受工作性质、职务、岗位等限制，只要能在自己的工作岗位上精耕细作、深挖细挖，从陌生到熟练、从熟练到精通，就自然会产生不同寻常的想法，从而助力自己成为不可替代的人。

3. 蛮干耗时费力，巧干独占鳌头

俗话说："劈柴不照纹，累死劈柴人。"这句俗语告诉我们的道理显而易见：做事要找方法、讲策略，不能蛮干，要巧干。

什么是巧干？就是具备创新精神，有创造性地去干，这样做事更省力。从古至今，很多故事都传递出了这个道理。"火烧赤壁"中的曹操号称率兵八十万，有远多于诸葛亮和周瑜的兵马。诸葛亮和周瑜在分析了曹操不善水战的情况后，使用了"连环计""苦肉计"，最后"巧借东风"，大败曹操，成为历史上著名的"以少胜多"的战役。退一步讲，任何“以少胜多”都是一种巧干，也是一种创新的典范。

所谓“棋不看三步不捏子”，巧干就是要求一个人尽量做到多思多想，在不了解情况的前提下不要轻易下结论，那样只会关闭“创新之门”。

有一个小村庄饱受干旱之苦，这里除了雨水没有其他任何水源，村民们只能祈祷多下雨，以解旱情。

干旱使得村民们的生计都出了问题，为了保命，大家聚在一起商量对策，打算与外界某公司签订送水合同，由对方每天送水。当时有 A、B 两家公司表现出了合作意愿，他们与村庄签订了送水合同，分别往村子东边和西边送水。

A 公司的送水员负责往村子东边送水，他接到任务后马上行动起来，先是在村子东边修建了一个庞大的蓄水池，然后每天“身体力行”，挑着两只桶从远离村庄的小河里打水，往村里的蓄水池里灌。

为了保证村民用水，他没日没夜地挑水，每天都筋疲力尽。不过，每天公司都会给他结算当日工资，看着到手的钞票，他也不觉得有多累了。

B 公司的送水员负责村子西边的供水。接到任务后，他没有像 A 公司的送水员那样立即投入工作，甚至一连几个月，村民们都看不到他的影子。为了吃水，西边的村民只能去东边的蓄水池。A 公司的送水员十分高兴，这会让他赚更多的钱。

那么，B 公司的送水员在做什么？其实他一刻都没放松，接到任务后，他便盘算着制订一份商业计划书，准备修建高效、大容量、低成本且卫生达标的供水系统。4 个月后，公司决定执行他的商业计划，用了半年时间完成了送水管道的铺设，每送出一桶水他可以赚 1 分钱，而且无须每天像 A 公司的送水员那样辛苦工作。

除此之外，他还想到这不是个性问题，便联系到一些需要水的村庄，复制了更多份类似的商业计划，既解决了他人的用水问题，也让自己赚得盆满钵满。

“巧干能捕雄狮，蛮干难捉蟋蟀”，用一身蛮力开锁可能会扭断钥匙，而轻巧地插入钥匙，微微转动，才能不费吹灰之力打开成功之门。

案例中的两个人在思想上有着天渊之别，当然，我们不能否定A公司送水员的勤勉和埋头苦干，这份责任心一样十分难得。不过，这不恰恰是我们现实中很多只会苦干、蛮干，不讲技巧、方法的员工吗？苦干、蛮干同样可以带来收获，但似乎与付出“不对等”。很多人总是付出了太多心血而收效甚微，归根结底，是他们在工作岗位上不善使用“巧劲儿”，自然也就无法实现岗位创新了。

有一句谚语，“宁可花一天好好思考，也不要花一周时间蛮干徒劳”。缺乏计划的蛮干只会徒增压力，甚至会适得其反。

巧干是摸清形势，慎重出手，巧用策略，调动自己的创新激情，并让周围的一切资源都“活起来”，为自己所用，从而只需要用小的力，就可以搬起最大的石头。创新如同“杠杆”，我们的想法便是支撑“杠杆”的支点。

某企业车间小组组长刘丽多年来勤勤恳恳，在工作上任劳任怨，她始终秉承工作就要埋头苦干的原则，她也凭借着这一点一步步走上班组长的位置。不过，同样是从基层员工成为班组长的同事赵燕，却只用了一年时间就做出了刘丽5年才有的成绩。

刘丽很不服气，可后来经过对比和反思，她意识到了自己与赵燕之间的“差距”。

一次，厂里有一批因设计不合理需要返工的成件，刘丽马上召集小组成员，当晚开始加班，拆除了不合理的配件，又安装上旧部件。这个返工过程非常复杂，工序又多，他们忙到第二天还没完工。

赵燕的任务与刘丽一样，不过她当天没有带领组员加班。直到第二天上班时，她才与组员一起研究改进方案。经过研究，他们发现新部件不存在设计缺陷，只是卡口位置与电路板中的一块凸起焊口不匹配而已。赵燕很快想到一个办法：给新部件加一个卡口。

她把自己的想法上报领导，这样既能保留新部件，也会减小工作量，只需要重新设计卡口即可。领导批准了她的提议，她的小组也率先完成了任务。而且使用了赵燕的方案，整个车间的小组都提前完成了任务。

我们提倡苦干、实干，但绝不主张蛮干。蛮干是没有计划，是耗时费力，是吃力不讨好，是缺乏科学的工作方法和观念，是低效率、高能耗，也是有悖于创新精神的。

与之相对的巧干，则是在工作中注入智慧，持续地革新现有的工作方法，改进工具、简化流程，从而不断提升工作效率，实现岗位创新。

在某种角度上看，更多的汗水并不意味着更多的收获，要想工作有突破，就必须在付出汗水的同时付出智慧。凭借智慧，很可能在一个小时内做完别人两个小时，甚至更长时间才可以做完的事情。

现如今，“用汗水换业绩”依然是很多人奉行的职场法则，他们寄希望于默默地付出换回等价的回报。然而，在更新、快速且激烈的竞争环境下，汗水可以带来的业绩微乎其微，甚至于“零业绩”。

《易经》中说：“穷则变，变则通。”无论遇到什么问题，只要肯动脑，找方法，就会从一片荆棘之中找到那条蜿蜒小径。

现如今，很多企业对员工提出了更高的要求，创新也成为企业持续发展的命脉。员工不能创造性地完成任务，缺乏必要的岗位创新精神，即便再埋头苦干，也很难增长效益。企业不仅需要技能熟练的员工，更需要可以适应新形势、新环境，善于用大脑工作的创新型员工。

4. 创新能手是企业的“金钥匙”

企业的创新源于具有创新意识的员工。离开了员工创新，企业创新便无从谈起。因而，对于企业而言，培养员工的创新意识势在必行。从员工的角度讲，“不想当将军的士兵不是好士兵”，而争当“排头兵”的一个先决条件便是凭借非凡的岗位创新精神一骑绝尘，成为团队中最出色的人。

李万钧大学毕业后，顺利进入微软公司。两年后，他被提拔为微软历史上最年轻的中层干部。而后，他因出色的表现被调任到美国总部担任高级财务分析师。

起初，李万钧只是一名普通的工程师，但他本人有着强烈的做好毕业后第一份工作的愿望。当时上级有着特殊的考核标准：每月任务完成情况，解决了多少客户问题，在客户身上花费多少时间等，这些都记录在员工的“成绩单”上。不过，每个月只有拿到“成绩单”后员工才可以知道自己上个月的工作情况，在团队中处于何种水平。

为此，李万钧琢磨着如何更快地拿到“成绩单”，那样就可以实现从数据库内部推进到每天都有一个报表的转化，经理能实时地督促员工，员工自己也可以直观地看到自己的进步和缺陷。此外，他还发现“成绩单”的另一个缺点：当时上海技术支持中心不足50人，倘若因为新品发布导致业务量激增，或是有员工请假，就会因耽误工作进度而被客户投诉。于是，他马上着手进行了一项创新：通过微软服务器——asp 写了一个报表小程序，可以实现他所期望的基础功能。

写好之后，李万钧把小程序展示给了上级，当即受到认可。一个月后，他的这个小程序正式投入使用。此后，他不断优化小程序，最终使得这套系统在欧洲也得到了广泛应用。

不久，李万钧的创新精神让他获得了一个重要的晋升机会——领导任命他组建亚洲现场支持部并担任经理。在管理岗位上，他一样不忘创新，再次向上级提出成立可以控制亚洲地区的技术支持业务、分析财物预算的团队，转而他被升任为亚洲地区业务分析经理。

李万钧热衷于创造性工作，同时也保持着技术人员和财务人员所具备的严谨和踏实。他说：“创新实际不是每天都会遇到的，我95%的时间是把自己的工作做好，5%的时间用来创新，或者为公司增加一些利益。”

创新是最便捷、最快速地提升个人核心竞争力的方式，创新并不一定需要无限的灵感，而且这份灵感也往往不是天生的，它大多来自长期的积累和对工作的全情投入。换句话说，创新源于积累。

每一名员工都是企业发展的智慧之源，员工有责任在自己的岗位上注入创新因子，以便更出色地完成任务。

在现实中，某些员工会有“创新与自己无关”“自己没能力创新”的错误观念，这都是未能正确看待创新的表现。工作中总会有层出不穷的难题或状况，此时恰好是我们大显身手的机会。开动脑筋，沉着应对，往往危机处就是转机，岗位创新也正是在这样的环境下诞生的。

我们都渴望在岗位上做出成绩，拥有更高的薪资、更丰厚的待遇，但这一切都建立在出色地完成工作的基础上。何为出色？就是既要脚踏实地，又要技高一筹，要做他人无法做的事情，这样才能脱颖而出。

如果说技能、学识已经成为束缚一个人变得出色的巨大障碍，那么创新则是拨开迷雾、扫除障碍的最佳武器。归根结底，带着创新精神去工作，最终的受益者是自己。

常州宝菱重工冷加工技术推进中心副主任张永洁，毕业于一所普通技校，进入公司后被安排做大型龙门铣床操作员。因为工作表现好，他被派遣出国学习数控机械加工技术，回厂后，基于所学的技能，他不断总结、实践，还通过自学形成了一套独特的加工技术。他创造性地提出了“三点找正法”，实现了大件自重引起的扭曲变形，达到直线找正的目标；还发明了快速铰孔等新技术，为公司的发展做出巨大贡献。

张永洁在厂里是有名的创新能手，他主动与制造商联手，研制出价格低廉，但工作效率极高的新刀具。出自他手的小发明、小创造，既能解决工作中的难题，又可以提升效率，并能最大限度地节约成本。由他负责的“张永洁创新工作室”，在废旧插刀片二次使用和油库改善等小项目上为公司节省了大量开支。

后来，张永洁升任为公司冷加工技术推进中心副主任，后又成为公司CNC化加工的推进者。通过他的创新之举，促使典型零件效率提升超过30%，典型机台CNC化率超过60%。特别是他设计出的“三点找正法”，已经成为自主知识产权的国产化创新工艺技术，“一种重型零件扭曲变形消除法”和“一种重型零件弯曲变形消除法”已经获得国家发明专利申请受理。在工作中采用这项创新工艺技术，能够有效确保牌坊加工精度及装配要求。

一次次创新、一个个发明，让张永洁在职场上站稳了脚跟，他的创新精神也在厂里成为一面鲜明的旗帜。

优秀员工都是创新能手，创新能手也必然是优秀员工。在创新路上，我们并不要求每个人都成为科学家、发明家，但至少要具备创新精神、创新意识，在自己平凡的工作岗位上处处留心、时时在意，每天一点点进步，就是在走向成功。

李四光说：“科学的存在全靠它的新发现，如果没有新发现，科学便死了。”科学如此，万事也是如此。在工作中，只有沉下心来，认真工作，善于找到工作的纰漏和不足，而后想方设法去填补纰漏，弥补不足，就等于找到了创新的机会，这些难得的机会正是助力我们在自己的岗位上实现创新、做出成绩的关键。

“没有新发现，科学便死了”，同样，没有新发现，个人的职业生涯也将慢慢地终结。世界上没有一成不变的事情，倘若你想在一个工作岗位上奋斗终生，就不能指望只通过按部就班来实现。

主动权永远掌握在自己手中，如果你是个主动创新、懂得求变的人，又何必担心自己无法在职场上立足呢？真正有贡献的员工总是会持续性地为企业创造价值，而这种持续性是需要创新来维系的，这类员工通过创新，便一步步成长为企业的优秀员工。

5. 创新，会让你无可替代

要想在职场的博弈中增加胜算，就必须具备更强的实力。然而，在当今这个飞速发展的时代，单靠努力已经远远不够，因为我们从太多的事例中已经得到一条“真理”：脑力劳动者创造的价值与时间无关。

基于此，拥有独立的思考方式就变得越发重要。如何能做到“与众不同”，在人群中脱颖而出，已成为一名员工在自己的岗位上，乃至于在职场中能否获得更多机会的重中之重。

有一家大型广告公司准备招聘一名高级广告设计师，面试的题目很简单：要求所有应聘者在一张白纸上设计出自己觉得最出彩的方案。可以自由发挥，没有主题和内容的界定。在做好自己的设计后，要把这张纸扔出窗外。谁最先完成设计方案，并第一个被路人捡起来看，就录用谁。

设计师们觉得这个面试题目真是别开生面，纷纷摩拳擦掌。大多数设计师都开始在纸上精心地勾画精美的图景，甚至还有为了博取眼球，故意画出十分诱人的美女的设计师。就在大家绞尽脑汁完善自己的设计作品时，有一名设计师却从容地将自己完成的设计方案扔出窗外，并当即引得路人驻足哄抢。

后来大家才知道，原来这位设计师在那张白纸上贴上了一张百元钞票，他并没有设计任何方案。可就是这一“创举”，让他成功地在一众设计师中崭露头角。

有人可能会觉得这位设计师“投机取巧”了，但谁又能否认这不是创新呢？善于创新的人总是能够凭借一个简单的举动便抓住人们最敏感的神经，因为他们知道如何才能让自己在博弈中获得优势。

任何老板都喜欢那些与难题“较劲”的员工，这样的员工脑筋活泛，面对难题总会多角度思考，积极寻找解决之道。而且，他们会在与难题“硬碰硬”的过程中弥补自身劣势，通过不断地自我提升来增强自己解决问题的能力。试问这样的员工，又如何会轻易地被取而代之呢？

企业需要勇于创新的员工，因为员工的创新能力在一定程度上决定了企业的竞争力。员工的创新能力越强，获得成功的可能性就越高，企业的收益也会越大，反过来，员工对企业就越重要，越不可替代。

循规蹈矩、一成不变的员工大多“听话”，但有时也意味着故步自封，缺乏探索精神。在职场上，没有适当的“胜负欲”就很难主动创新求变。一个在职场上谋求有更大发展空间的人，又怎么会因循守旧、墨守成规呢？

卢秀昌能够在刚满30岁时便成为当时天津市大型国有企业中最年轻的总工，与他善于创新、渴求突破的性格密不可分。

从南开大学元素有机化学研究所毕业后，他进入了天津药业公司。后来，公司改制，成立了天津金耀集团，表现出色的卢秀昌担任集团总工程师。当时，集团制定了“高科技加规模经营”的发展思路，并形成了“创新、完美”的企业精神，还制定了《对有突出贡献的科技人员的特殊奖励规定》。这一切都让卢秀昌大受鼓舞和鞭策，他也由此坚定了一个信念：要发展必须具备创新精神，作为科技人员，必须为企业的发展打通关键脉络。

卢秀昌接到的第一个课题是“以溴代碘”。接下来的几个月时间里，他埋头于实验中，潜心钻研，最终使得该项目获得了巨大突破，他成功地以低成本“溴素”替代了当时价格不菲的进口原料“碘”。在科技创新上，他迈上了一个新台阶。

之后，卢秀昌又接下了“醋酸氢化可的松”新工艺的大课题。当时这种产品在市场上并不多，各厂家竞争激烈，他敏锐地察觉到，作为国家皮质激素生产基地的金耀集团，一定得把握这个机遇才行。为此，在综合分析了集团的现状后，他制订了一个创新方案，以确保既能降低成本，又能提升产品质量，从而增加集团竞争力。

他翻阅了大量技术资料，甚至在无数实验中冒着被感染的风险，坚持第一个进台，最后一个离开。最终，他成功发明了以合成代替生物发酵的新工艺，实现了“降本增效”。经过投产，产品的各项指标均达到国内领先水平，使得产品原材料每公斤降低了500多元，产品市场占有率超过90%。

卢秀昌在技术工艺创新上成果不断，他还曾创新了“生物脱氢”新工艺，令地塞米松的成本降低了30%。这一创举，让天津的地塞米松原料药市场占有率位居全国之首，年销售利润过亿。而卢秀昌本人，也自然成为公司的金字招牌，是企业的“金不换”。

成为企业中独一无二的存在，便永远不用担心被取而代之。卢秀昌用自己的实际行动诠释了创新是如何为自己的职业赋能的，当员工能够一头扎进工作中，时刻为企业的增效劳心劳力，也就自然会与企业“共生死、共进退”了。

不过，这里的埋头苦干要依托于求新求变的思想，很多员工正是忽视了这一点，才会产生一种错误认知：只要我好好干，就总有出头之日。然而他们却忽视了一点，即失去了解决问题的能力，或不能创造性地解决问题，就如同在餐厅洗刷碗碟，兢兢业业地一个个洗刷干净，干上10年可能也没有个人价值的成长。但如果能在洗刷碗碟的过程中，思考如何能更快、更干净地做好这份工作，那么所得到的结果便会截然不同。

《人类简史》的作者尤瓦尔·赫拉利说："长远来看，没有任何一种工作是安全的、绝对不会被AI替代的。"人工智能的快速发展已经让很多普通岗位——大部分按部就班的操作工感到了压力。成为"不可替代"的员工也由此有了另一层含义：除了要在自己的岗位上创新求变，掌握独一无二的技能，再则便是去做那些"不可替代"的工作。

这似乎会出现一种"矛盾"——毕竟不是每个人都能做那些"不可替代"的工作，比如成为知名医生、律师或工程师。但这同时也为我们提供了新思路：要成为"不可替代"的员工，必须保持强烈的求知欲，通过不断的学习增强自身的竞争力，否则只会被社会无情地淘汰。

普通岗位上的创新，便是一种具有"实践功能"的学习，即在面对问题或实际工作中，主动激发个人潜能。问题会刺激我们去想解决的办法，从而会"逼迫"我们接触陌生的领域。这一连锁过程会让我们具备发现越来越多问题的能力，随之就会提升解决问题的能力，于是创新能力也由此练就，届时，我们不必去想自己是不是"不可替代"，我们的这种自动自发已经给出了最好的答案。

6. 从“故步自封”到“奇思妙想”

大部分人在一个岗位上工作时间长了，很容易产生“职位疲劳”，因为对自己的工作内容太过熟悉，从而提不起兴致。换句话说，由于太熟悉，早已失去了创新的热情。加之随着工作年限的增加，对工作内容驾轻就熟，随之产生自满情绪，就更缺乏主动性了。由此，无论是对往日工作的总结，还是对下一步工作的期待，都会产生无所谓心理。

寻求突破应该是每一名员工发自内心的追求，这是一个不进则退的时代，缺乏主动意识、没有岗位创新精神，不善于在工作中找到能够激发个人闪光点的媒介，势必会让自己的职业生涯一片黯淡。那些故步自封、安于现状的员工，除了晋升遥遥无期，他们的职场之路也会布满荆棘。

一位著名管理顾问曾说，可持续竞争的唯一优势来自超过竞争对手的创新潜质。没有创新就意味着没有持续的优势，意味着无法冲破自己编织的“茧”，如此又怎么能化茧成蝶，飞越万水千山呢？

某人开了一家水果店，由于水果保鲜期短，不及时卖出便会烂掉，所以他自开业起一直入不敷出。他绞尽脑汁，也没想出什么好办法。

一天晚上，他梦见自己来到一个苹果园，树上结满了新鲜的苹果，他细心地看着每一个苹果。梦醒之后，他想到了一个让水果店“起死回生”的好办法。

第二天，他在水果店门口贴了一张醒目的广告牌：“新鲜诱人的水果，现摘现卖，让您看得清楚，吃得安心。”

过往的行人看到这样的广告后，不禁生出了好奇心：水果店的水果如何做到现摘现卖呢？而后面的“看得清楚，吃得放心”也让行人产生了购买欲望。因为其他水果店的水果大多堆放在一起，较难挑选，而这家水果店却能让顾客“看得清楚”。

就这样，短短几天时间里，他的水果店变得门庭若市。走进店内的顾客无不惊讶、欣喜，因为店内竖起了很多假的果树，上面挂满了真水果，这的确做到了“看得清楚”。

这种方法为他带来了巨大的商机，因为很多顾客不但买走水果，还连同假的果树一并买走，为此他到塑料厂定做了很多各式各样的果树，生意越做越大，水果店不但起死回生，还成了同行中的翘楚。

任何问题都有多种解决方式，那些看似的“死结”总有“活扣”，关键就在于能否拓宽思路。与其原地踏步，在困局中挣扎，不如改变想法，切换角度，因为很多时候，答案就在问题中。

每一个岗位都大有可为，那些嫌弃自身岗位底下、平凡的员工永远无法与创新结缘。他们的自我否定和错误认知关闭了那扇通往奇思妙想的大门。

奇妙的想法，源于工作中的一点一滴。因而，员工在岗位创新上也应注意以下几点。

首先，“做加法”。也就是说，在工作中，把想法和思路都积累起来，可以准备一个日记本，专门记录自己的奇思妙想，无论它是否合理，甚至荒诞不经，也都要一一记录。这些想法可以来自工作，也可以来自生活，总之一切与工作内容似有关联的想法都不妨落在纸上。

其次，“做减法”。在完成第一步后，我们可以试着回过头梳理这些想法，这是个“做减法”的过程，要把那些无关痛痒，与工作内容没有丝毫关联的想法剔除，留下那些可以转化为效能的部分。

最后，“找位置”。倘若我们的想法的确是工作内容的潜在延伸，那么自然与工作之间会有千丝万缕的联系，或许眼下看不出有什么直接关联，但它往往是创新举动不可或缺的关键元素。这时，我们要做的是在恰当的位置安放恰当的想法，让这些想法成为创新的源头。

一家电气公司积压了大量电风扇，长期以来一直没有销路。不管是公司管理层，还是公司员工，都在这件事上一筹莫展。他们曾用过各种营销手段，不管是购买电风扇赠送其他小电器，还是压低价格出售，甚至在电视报纸上大做广告，也依然收效甚微。

一天，一名新进公司不久的员工敲开了总经理办公室的门，他说自己想到了一个办法。总经理听完之后不禁眼前一亮，同时也皱起了眉头，因为那名员工说出的办法很简单：改变电风扇的颜色。

这个办法太简单了，简单到被忽视的地步。总经理虽然觉得有些新鲜，可并不相信只靠这一点就可以扭转局面。然而，眼下用尽了各种办法也于事无补，他便按照这名员工的建议把电风扇漆上不同的颜色。

当时市场上的电风扇只有一种颜色——黑色，同行也从未想过改变颜色。因而，在他们推出了彩色电风扇后，市场很快给出了反馈，这些各种颜色的积压电风扇，很快走进了千家万户，人们争相抢购。据统计，他们在短短几个月的时间里就售卖了几十万台这样的电风扇。

此后，这种“五彩”电风扇成了业界标杆，同行纷纷效仿，而这家公司的这名员工也凭借着自己的“奇思妙想”得到了公司高层的青睐。

这名员工可以通过创新改变电风扇销售不利的局面的一个根本原因，就在于他转变了视角，站在了不同的角度。无论公司高层还是其他员工，在某个层面来说都有些“故步自封”，束缚了自己的思路，把关注点放在传统意义上的如何打开销路、提升销量上，没能从产品本身入手。

杰克·韦尔奇说：“一个人最重要的素质就是解决问题的能力。”具备创新精神的员工总是敢于做出判断，反其道而行之，立足于问题而不囿于问题本身，从而才能顺利地找到解决问题的方法。

7. 好奇心是宝贵的“创新砝码”

哈佛大学荣誉校长尼尔·陆登庭说：“如果没有好奇心和纯粹的求知欲为动力，就不可能产生那些对人类和社会具有巨大价值的发明创造。”

人们都认为，无论何时、年龄几何，保持好奇心都是一件好事。特别是在工作中，好奇心会提升员工的创造力和沟通能力，强化创新精神。

数据显示，人类的好奇心在四五岁时达到巅峰，而后随着年龄的增长逐渐下降；对于入职一家公司的员工而言，初入时的好奇心最强，八九个月之后会下降20%。从公司的角度来说，员工失去好奇心的主要原因在于公司制定的各种束缚思维和手脚的规定，它们扼杀了员工的好奇心，实际上也让他们失去了创新精神。

人类探索未知世界的初衷便是因为有好奇心，好奇心激发了人类无限的创造力，由此才让人类文明得以像今天这样熠熠生辉。因此，当一家公司的员工缺乏好奇心，只会机械地工作，不懂提问、不善于提问，没有沟通交流平台，那么很多未知的宝藏都难以被挖掘出来。

爱因斯坦说："我没有特别的天分，只是好奇心十分强烈。"拥有好奇心的人总会保持开放和学习的心态，具备积极的改进意识，对自己也会提出更高的要求，更乐于通过各种方式改变现状。

张佳敏说："保持好奇心，就会看得远，就不会局限于当下，更不会觉得无聊无趣。如果你认为现在的工作已经很熟练了，有空余时间，你应该凭着好奇自觉去学习下一步目标的相关知识，去勇敢地突破和挑战。"

她是学计算机出身，大学毕业后，担任 Java 开发工程师，后参与了黑龙江省大庆市数据治理项目及陕西三秦警务云项目，因为她有着丰富的开发经验，因而可以快速参与到公司的公安大数据项目中。

张佳敏对计算机科学与技术专业充满热情，她说："这是个脑力劳动频繁的专业，是需要时常攻克难关的一个专业。"她喜欢这份具有挑战性的工作，常常会为了解决一个难题在电脑前工作几个小时，一次次测试、修改让她乐此不疲。

随着 IT 行业的飞速发展，她开始意识到自己必须不断学习、持续充电，尽可能多地掌握最新的咨询与技术。在她看来，每项工作都不简单，都有门道，并且不能只局限于自己的本职工作，要有深度、有广度地学习，永远保持一颗好奇心，去了解无数未知领域中的未知事物。

拥有了好奇心，也就拥有了一个“孩子般的大脑”。带着好奇心看待周围的一切，会源源不断地冒出各种各样的想法，每一个想法都是创新的导火线，它会引发人们强烈地想探明事物真相的兴趣。

人人都有好奇心，它是人类的天性。只是在人际交往中，这种好奇心会被逐渐打压，尤其身在职场中，一些“规则”会让人不得不收敛——只能闭上嘴巴，塞上耳朵。久而久之，当循规蹈矩也可以“按劳索酬”时，又何必冒着费力不讨好的风险去创新呢？

这种现实会让员工的创新精神日渐萎靡，他们失去了好奇心，也就失去了创新的动力。然而，如果你仍然希望在职场上搏出一片天地，就必须剔除一切负面思想，忠于自己的内心，以好奇心驱动创新，以创新重塑未来。

刘玉纬所在的公司破产倒闭后，他便回到老家承包了20亩池塘开始养殖观赏鱼。当时观赏鱼市场火爆，他寄希望于能大赚一笔。可他养了一年鱼后，观赏鱼价格大跌，不但没赚到钱，自己的积蓄也赔了进去。

一次，他和女友去公园散心，池子里的金鱼让他很感兴趣，他正专注地看着，旁边一个小男孩的哭声引起了他的注意。

小男孩正把自己手里的馒头喂给金鱼，可刚一靠近金鱼就游走了。小男孩的妈妈从包里拿出奶瓶给他喂奶，那副充满爱意的画面让刘玉纬印象深刻。他一直好奇地盯着小男孩和他母亲看，忽然有了一个想法：人类可以用奶瓶喂食，观赏鱼为什么不能呢？如果把鱼奶等鱼饵合理配制，用奶瓶喂食一样可以！

说干就干，刘玉纬很快开始培育起了“吃奶鱼”。他先用观赏鱼做实验，但观赏鱼太过警惕，人一靠近就游走了，无法实现喂奶。为此，他去了一家水产品贸易公司咨询，得知有一种日本锦鲤喜欢与人亲近，可价值昂贵，每条售价超过1.2万元，他只能买很少的几条。

而后，经过一番走访、调查和实验，他成功地用三条日本锦鲤与国产鲤鱼杂交出一万多尾鱼苗。经过几个月的悉心喂养，这些鱼苗长成了色彩艳丽的半成鱼，更重要的是，人一靠近它们，它们就会游过来索食。

刘玉纬摸清了这种鱼的秉性后，便把它们喜食的蚯蚓、黄粉虫和蝇蛆等研磨成粉，并勾兑适量的清水，制作成“鱼奶”，装入奶瓶之中。而后又经过多次试验，使得鱼儿可以成功地“吮吸”奶嘴了。

成功培育出“吃奶鱼”，刘玉纬马上开始做起生意。他先带着两条“吃奶鱼”去一处公园门口售卖，并当众表演“给鱼儿喂奶”。来往的游客看到这幅场景，不觉十分好奇，纷纷掏钱尝试。当天，这两条“吃奶鱼”就为刘玉纬赚了500元。

当初的好奇心，现在成了他事业的最强助力。借助“吃奶鱼”以及后续推出的“乖乖宝”“许愿奶”“平安奶”“长寿奶”等，他可谓“鱼业有成”，最终实现年收入高达数百万元。

有人说，“好奇害死猫”，可是在职场上，好奇并不是类似八卦一样的好奇心，它象征着充满朝气和活力，对与工作有关的一切都充满探索欲。事实上，当一个人真正热爱自己的工作，能够做到全情投入时，也就会自然而然地保持好奇心，激发自己的创造力了。就像案例中的刘玉纬，养殖“观赏鱼”让他形成了“职业病”，看到鱼吃食和小男孩吃奶，便随之将二者联系在一起，让本身毫无交集的两样事物发生了奇妙的“化学变化”。毋庸置疑，这种“化学变化”就是创新。

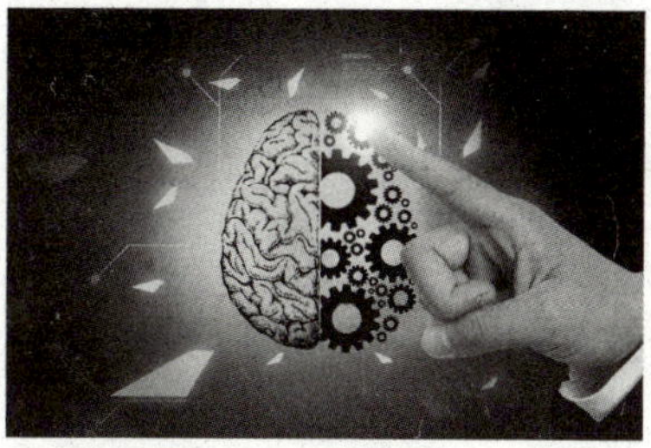

在职场上，作为员工的你只有首先保持好奇心，才会对公司、团队和本职工作产生兴趣，这种兴趣会引导你深入了解这一切，并促使你为了适应自己的工作和所处环境而提升学习力和创新力，最终实现职场跃迁。

而失去了好奇心，也就失去了探索欲，也自然无法在岗位上做出突出成绩，久而久之，这种没有朝气和活力的员工逐渐地会被企业淘汰。因而，只有保持好奇心，时常能发现工作中的问题，并具备改进的能力，才能一步步从普通走向优秀。

在对待好奇心上，有些员工会存在这样的误区：认为要解开好奇带来的疑惑，只有不断探索，这导致很多事情不能马上进行，甚至耽误某项重要工作的进度。如果事实果真如此，那么只能说明这份好奇心还不足以实现真正的创新。

就像“磨刀不误砍柴工”一样，锋利的刀总会轻易地砍断木柴，好奇心就是待磨的“刀”，只有让它保持锋利，创新才有迹可循，而考虑到创新带来的收益，当初“磨刀”所用的时间便不值一提了。

保持好奇心，便是要求我们在工作中常常问自己“一定要这样吗?”“一定要那样吗?”带着疑问去工作，会让一件事情更加“多面”，解决问题也就有了更多可能。强烈的好奇心，也会对创新以及常规工作都带去更多创意和积极的改变，有研究表明，一个人的创造力会随着好奇心程度的提升而提升。所以，保持你的好奇心吧，它会让你对这个世界产生更多元的认知。

第二章

独树一帜——拥有一流的创新意识

实现岗位创新的前提是要有敢为人先的创新意识，要敢想敢干，这样才能有突破，才能创造性地解决问题。我们的大脑往往会被固有的习惯和规则束缚，要想突破创新边界、激发创造力，就必须谋求改变。

1. 创新是一种思维的博弈

著名创新专家郎加明在他的长篇论文《创新的奥秘——创造性的世界与金三极思维法》中说："对创新来讲，方法就是新的世界，最重要的不是知识，而是思路。"一个人的思路会决定"出路"，那些缺乏创新意识的人，大多是不懂得转变思路的人，他们在遇到问题时也很难想到创新，找到方法，自然不能在工作中做出更大的成绩。进一步讲，当他们不能为企业创造更多、更大的价值时，他们在职场上的地位也会摇摇欲坠。

创新具有非凡的意义，是一种思维的博弈。

某小镇上有一家日用品超市，因店主经营不善而倒闭，为了处理这些存货，倒闭第二天，店主张贴了一则广告："本超市因经营不善，现所有物品低价处理。"

广告打出一个月后，超市的存货并没有卖出多少，店主又需要用钱，不想继续支付房租，便以更低的价格把超市转让给了另一个商人。

这个商人头脑灵活，他接手超市后处理存货的办法与店主的截然不同。他先是写了一则新广告："本超市因经营不善，所有货品将在 10 天内处理完毕，第一天全价，第二天九折，第三天八折……十天之后，所有物品免费！"

第一天，这则新奇的广告便引得顾客纷纷驻足，大家都没有见过这种特殊的促销方式，于是都走进店里。不过大多数人只是闲逛，只有少数几个顾客按照全价买走了一些急需品。第二天，商人又“加了一把火”，他在广告牌上标记出剩余货品的数量，随即又有几名顾客买走了几件商品。第三天，走进店里的一些顾客见好的商品昨天被人以九折的价格买走了，这些人便以八折的价格又买走了一些。

当零星的顾客在超市选购商品之际，超市“打折”的消息很快传遍了整个小镇。到了第四天，店里大多数商品都售罄了，小镇上更多的人赶来“抢购”。他们想，如果不尽快买些东西，明天也许就没有了，于是纷纷购买。到了第五天，小镇上更多的人去购买。第六天时，人们几乎将超市内的存货全部买完。

当初那个超市店主亲眼见证了商人的“销售方式”，不禁感叹道：“想不到一个小小的调整，就会有如此大的改变。”

显而易见，商人成功地借助自己的创新意识改变了积压货物的销售方式。在人们固有的认知里，掌握的经验对于未知通常具有不可替代的指导作用，旧的知识和经验确实能够在一定程度上避免我们少走弯路，可另一方面也会形成新的阻碍，我们会被那道看不见的“墙”挡住创新的脚步，始终在固有的意识中原地打转。

美国花旗银行公司总裁约翰·里德说：“如果有谁认为今天存在的一切将永远真实存在，那么他就输了。一个东西若要经久不衰，那么它必然不断革新。”

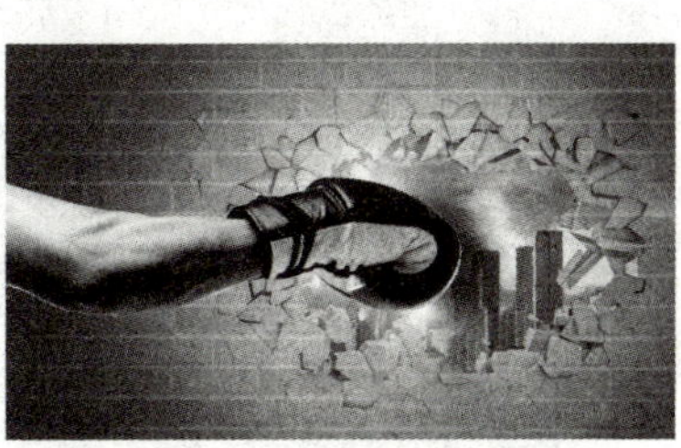

无论在工作中还是生活中，常规的认知早已成了指导我们工作和生活的准则，谨记教训做人、牢记规律工作，在短时间内，这会让我们觉得十分“安全”。然而，创新与舒适是天生的“对

头”，舒适只会让人变得呆板、机械、千篇一律，这正是创新所不能容忍的。如果想让自己的意识变得活跃起来，就要打破束缚，冲破条条框框。

有一个村庄盛产核桃，当地村民都依靠售卖核桃为生。每到秋天收获的季节，遍地的核桃都会让村民们喜不胜收，于是每年秋天大家都很忙碌。

大家每天早出晚归，因为他们都知道，谁的核桃最先送到市场上，谁就会卖出更高的价钱。等市场上的核桃多了，价格也会随之降下来。因而，每天天还没亮，就可以看到漫山遍野采摘核桃的村民。

采回核桃后，大家要做的第一件事就是把核桃按照大小、好坏进行划分，不同等级的核桃自然值不同的价钱。分装完毕，就要第一时间赶到集市上去售卖。

几年下来，很多人都发现了一个特殊的现象：村子里售卖核桃最早的永远是老张，谁都无法超越他，不管再怎么努力也只能排在他后面。每次最快的那个人去往集市时，已经看到老张拉着空车回村了。

大家都很疑惑，对此议论纷纷：难不成他有什么诀窍？走了什么捷径？不然为什么总是他排在第一位呢？他们想出了一个解密的办法。

一天，众人邀请老张去餐馆吃饭，说是为了庆祝某个人的生日。老张不明就里，便欣然前往。吃饭的时候，大家一个劲给老张敬酒，其中一人问道：“老张，每年你都是第一个去集市的，我真的很敬佩你，来，我敬你一杯！”另一个人也附和道：“对啊，感谢你在百忙之中抽空来参加我的生日，我也敬你一杯！”

几杯酒下肚，老张晕晕乎乎的，大家看差不多了，便试探性地问老张“秘诀”。老张半睁着双眼，笑着说：“秘诀？哈哈，哪里有什么秘诀啊？只不过我没有花费更多时间分拣核桃，你们在分拣的时候，我已经在去往集市的路上了。等你们分好了，我已经开始售卖了。”

大家一头雾水地问：“你不分拣的话，不是很吃亏吗？”

老张回答：“很简单，采完核桃后，我专门走崎岖不平的路，这样一路颠簸下来，回到家时小个核桃已经被颠到最下面了，大个核桃则在最上面，就这样，我直接省去了分拣的时间！”

大家听完，顿时面面相觑，一句话也说不出来了。

老张能够持续多年“打败”其他村民，就在于他有着创新意识。不要小看一个小小的改变，它会让事情的走向变得捉摸不定。

一切谜底都像魔术真相一样，在被揭开之前显得无比神秘，让人惊呼不可思议。可当我们知道答案之后，多半会大跌眼镜，心想居然会这么简单！没错，创新并不难。无论任何领域，有时推动获得巨大进步的引擎和撬动效益的杠杆都十分“不起眼”，甚至是被大部分人所忽视的。正是那些具备创新意识的人，才能发现其中的奥秘，借助创新既赢得了机遇、战胜了对手，也引领了变革。

洛克菲勒说：“如果你要成功，你应当朝新的道路前进，不要跟随被踩烂了的成功之路。”变换自己的思维，采用与以往不同的思路和方法，就会逐渐地形成一种全新的意识，从而推陈出新。

世界是时刻变化的，困难也层出不穷，要想改变现状、有所突破，就要善于找方法、想对策，一旦自己的视野拓宽了，想问题的角度不同了，思维能力就必将强于他人，难题在自己的创新意识面前也就自然变得“不堪一击”了。

2. 找到问题，就找到了创新之源

“只要思想不滑坡，办法总比困难多”，困难在工作中可谓无处不在，大小形式各异，解决难度也有所不同。不过再多、再难的问题，也总有解决之道，关键在于能否站得更高、看得更远。

办法永远在困难之上。善于解决问题的员工从不畏惧困难，面对难题，他们会“绕道而行”——用他山之石来“攻玉”。在工作中，当问题出现时，一些员工会马上“求救”，让他人帮忙想办法。而创新型员工脑子里蹦出的第一个念头则是：我想想办法。要想优于他人，就要在思想上先行一步。

发现问题、分析问题、解决问题，本是一个常规的思维模式，但一些员工往往止步于第一环节，当困难横亘在眼前时，并不会主动查找困难产生的原因，即不开动脑筋去发现问题，如此又何谈分析问题、解决问题呢？

困难面前，别急着摇头，忙着说自己克服不了，这主要是因为你没有找到问题的症结之所在，就像古代“戏法”所需要的那块“布”一样，不揭开“布”就永远不知道下面暗藏着什么样的玄妙机关。

方中明是南京市公路管理处的一名普通员工，他曾参与绕城公路、高望公路等多条公路的建设。

当时，与南京沿江开发直接配套的重点工程疏港公路在建设时出现了一个大难题，方中明也参与其中，他知道这项总投资额高达3.2亿元的工程事关重大，容不得半点马虎。工程出现的难题是“水泥稳定碎石”施工工艺容易产生裂缝，这是业内一直无法解决的质量通病，大家无计可施。

方中明看在眼里，急在心头，他不断地琢磨着解决之道。问题就摆在那里，但就连业内人士都束手无策。方中明想：在水利工程之中，能够抵御湍急水流冲击的大坝是怎么解决这个问题的呢?

他一边在网上查找资料，一边向水科院的专家请教。有一次，在浏览三峡工程网页时，一篇出自水利专家之手的文章映入他的眼帘，文章介绍：在混凝土中加入适当的粉煤灰，便能进一步提升“水稳”的密实度，有效消除裂缝。

这篇文章让方中明信心大增，但到底要加入多少粉煤灰，怎么添加呢?喜欢钻研的他随机展开了进一步试验，寻求解决办法。

他了解到徐州的一家科研单位正在做这方面的研究，便动身前往徐州求教。回来后，他又开始进一步试验，最终破解了困扰交通人多年的“水稳”裂缝难题。

付出总有回报，方中明后来成为南京市交通工程质监站的一名管理者。在管理岗位上，他仍然坚持创新，遇到问题始终本着“绕道而行”的原则，紧抓创新点。

问题是创新的起点，也是创新的动力源。每一个创新的过程都是创造性地解决问题的过程，但前提是不要真正地绕过困难、忽视问题，而要学会采用迂回战术，想方设法地揭开挡在问题面前的那块“布”。

在现代企业中，员工的创新能力越强，就越有核心竞争力，这一切都建立在解决工作中的一个个问题的基础之上。面对问题，想法越多、观点越新，解决问题的方式就越多样，也就越容易做到他人做不到的事情。

这是一个创新的时代，要想成为职场中的精英人士，必然要具备他人不具备的能力。解决问题的能力无疑是一种非凡能力，它意味着独特的思考、新颖的角度和冲破束缚以及障碍的举动。换句话说，我们在工作中要争当“挑三拣四”的人，以求达到尽善尽美的程度。

福建的一家热电厂为了降本增效，进行了大范围的裁员，老张这名一直在工作岗位上辛勤付出的老员工也在被裁之列。老张是家里的顶梁柱，被裁员无疑是个巨大的打击。不过，老张并没有因此自怨自艾，与那些抱怨生活不公的人相比，他更愿意把精力花费在可以产生价值的事情上。

他善于琢磨，也善于在工作中找问题。在被裁员之前，他就已经发现热电厂在发电过程中会产生大量的煤灰废料，这些废料在厂子里堆积如山，处理起来耗时费力，也要花掉很多钱。

老张觉得，这个对厂里而言的“大难题”，是自己翻身的好机会。他想到的是如何将废料“变废为宝”，于是索性拿了一些样品四处找专家检验、鉴定。最终，他与一家生产砖机的技术部门取得联系，这家厂子正急需这样的煤灰。他们回收煤灰后会将其粉碎，经由调配、黏结等工序加工成“复合砖”。

有了这条门路，老张很快从被厂里裁掉的员工摇身一变，成了厂里的“合作伙伴”，他用低廉的价格买下厂里的“垃圾”，在大多数被裁掉的员工怨天尤人时，已经创造性地赚取了真金白银！

创新的机会就在我们身边，与其挖空心思在更远的地方苦苦寻觅，不如静下心来，从身边入手，主动发现问题，并找到妥善的解决之道，这个过程也许会为我们带来意想不到的收获。

美籍华裔物理学家、诺贝尔物理学奖获得者李政道说："要开创新路子，最关键的是你会不会自己提出问题，能正确地提出问题就是迈开了创新的第一步。"

案例中的老张有着一双善于发现问题的眼睛，更善于寻找解决问题的路径。每一个问题都是机会，那些能够做出成绩的人正是把握住了一个个这样的机会，才最终创造出"蓝海"，实现了职业理想和人生价值。

"发现问题是成绩，解决问题是创新"，每个职场中人都要立足于自己的岗位，立足本职工作，带着使命感全身心地投入到工作中，这样才更容易发现问题，并逐步提升破解实际工作难题的能力。

工作中的创新总是带着乐趣的，当我们通过自己的努力解决了一个个问题，并因此获得成长和收获，那份成就感是无法言表的。在随后的工作中，我们也会打起精神，全情投入，期待发现更多的问题，解决更多的问题，获得更大的进步。

具备"问题意识"是发现问题的第一步，也是关键环节。对问题视而不见，见怪不怪，黄金也会变废铁。

而后，要善于观察。在具备问题意识之后，应学会抽丝剥茧，通过大胆设想、严谨推理，挖出问题。有的人正因为不够细心，才觉得自己的面前并没有需要解决的问题。事实上，这种想法本身便是个大问题。不能扭转这种不良思想，也就谈不上发现问题，更别提实现创新了。

问题是创新之源，也是创新的动力，每位员工都应当具备发现问题的能力。

3. 模仿是“形”，创新是“魂”

模仿与创新好像天生“对立”，谈及创新，更像是“从 0 到 1”的过程，但实际上，二者却是相辅相成的关系。少了模仿的“形”，创新的“魂”也将无所依托，成了无根之草。

我们反对盲目模仿，一味地模仿，没有改进和变化的模仿，拿来即用的模仿，这些只会让我们原地踏步甚至退步。真正的有价值的模仿应建立在创新的基础上，即具备创新意识的模仿。

世界上没有绝对意义上的创新，所有创新都是在模仿的基础上完成的，退一步讲，即便立足于模仿而后实现创新也绝非易事。事实上，很多领域内的顶尖人物最初都是依靠模仿赚到人生第一桶金的，之后他们在模仿中不断创新，创造出自己的风格。这样的创新，才是“形魂兼备”的。

郑志明是广西汽车集团有限公司首席技能专家，也是党的二十大代表。他自 1997 年进入广西汽车集团有限公司，在 25 年间不断磨炼技能，慢慢地从一名普通钳工成长为全能型专家，成了国家级技能大师工作室带头人。该公司还有一个以他的名字命名的工作室——郑志明国家级技能大师工作室。该工作室曾自主研制出减速器装配 B 线，并成功运行。该装配线首创了多工位多压头伺服压装站，以占地面积小、效率高、用工少、产品监控和防错能力强的特点著称。

郑志明说："我们五菱起步于学习。老一辈的五菱人将一台日本车拆解成5500多个零件，经过手工测绘、制模以及用普通的机床和手工敲打制作零件，制造出了我国第一台微型车。现在不一样了，以前我们研究日本的车，现在日本研究我们的车，我们从引进模仿变成了赶超输出。"

"郑志明国家级技能大师工作室"自成立以来，全体成员工共完成933项工艺装备自主研发项目、1832台套可交付使用的工艺、工程装备，通过创新优化，为公司减少了314个生产操作岗位，每年为公司节约人工成本1570万元。

在工作中，郑志明总能依托现有成果不断提出新思路、新想法，努力寻求更多的科技创新点，正如他在参加完党的二十大会议后所说的那样，必须坚持科技是第一生产力、人才是第一资源、创新是第一动力。

严格来讲，模仿也是学习，并且是一种高效率的学习。企业先走模仿之路，会直接绕开很多陷阱，避免误入歧途。毕竟有了前车之鉴，就等于有了参考，在摸索前行的时候也会更容易。也因此，才会有人说："没有模仿就没有创新，不懂模仿就不懂创新。"这种说法并不是为了粉饰模仿，因为绝对意义上的创新即便存在，也是经过多次失败才促成的。我们看重"创新之魂"，但也不能忽视"模仿之形"。

无论个人还是企业，先走模仿之路总是既安全又高效的。某上市公司董事长说："很多人把违背规律，按照自己的意志行事标榜为创新，结果是头破血流，这种案例太多了，所以我觉得还不如老老实实地照葫芦画瓢，找最好的葫芦画瓢。"毫无疑问，恰当的模仿会成为创新的助推力。

一名员工利用节假日时间在家里进行大扫除，他觉得所有的家务活中，最耗时费力又危险的莫过于擦玻璃。他看着玻璃不由得犯了难，他不想雇佣专业的擦窗人员，想自己完成。怎么办呢？

他一边收拾桌子一边想办法，突然看到了桌上的一本动物大全，那是孩子的课外读物。书里面有没有壁虎？他似乎想到了什么，于是急忙翻开书。找到壁虎的图片后，他目不转睛地盯着看，想着能不能模仿壁虎脚上的吸盘，给鞋底也安装一个可以防滑的装置？要是可以研制出一款吸盘鞋，说不定就能像壁虎那样在墙壁上自由“行走”了。

不过，如果吸盘黏性不足，无法抬起脚呢？他又想到，这种吸盘鞋的设计必须足够精巧，在抬脚时要能拉动鞋套的纤维层，将里面的气体挤出去，在踩下去的时候则会感应到穴位点的感应器，促使吸盘能够抽气。这一系列动作在10秒钟内就能完成。

有了这种吸盘鞋，就可以安心擦窗户了。甚至于，消防员也可以穿上这种吸盘鞋将救火工具更轻松地送上楼。同时，也可以研发出吸盘手套专门供攀岩选手使用。

这名员工“脑洞大开”，从壁虎身上联想到了很多种发明创造。他把自己的这些想法形成策划案，交给了公司的领导。领导经过商讨，采纳了其中可行的方案，并让这名员工进一步完善他的各项创新，为企业盈利做出了巨大贡献。

创新从模仿中来，模仿为创新提供了最初的灵感。案例中的那名员工的确脑洞大开，从壁虎联想到很多并非异想天开的点子，他没有囿于模仿，并不单单是想模仿壁虎的形态，而是立足于壁虎身上的一个特点，由此拓展思路、发散思维，创新性地提出了各种对现实工作和生活有帮助的创意。

鲁迅说：“‘会模仿’又加以创造，不是更好吗?”模仿是打基础，创新是盖高楼，有形又有魂，才能真正做出成绩。

对于模仿和创新，正确的理解应当是先模仿、后创新，始终保持空杯心态，把自己当成一张白纸，更全面、细致地接纳意见。具体说来，可以从以下几方面入手。

首先，学会复制。复制即是模仿，但完成复制后，要结合自身实际情况做出改进，实现创新。

其次，时刻谨记模仿是创新的初级阶段。“抄作业”的目的不是为单纯地完成作业，而是逐步建立自己的优势，通过他人的理念和信念，让自己获得质的进步和成长，并在此基础上实现超越。

再次，创新是对模仿的拔高。模仿不可耻，因为它是创新和发展的基石，只要不盲目地模仿，且在模仿之后能够超越被模仿者，转而去寻找更高阶的模仿对象，就能够一步步从模仿者转变成创新者。

朱熹说：“模拟者，古人用功之法。读得韩文熟，便做韩文的文法；读得苏文熟，便做苏文的文法。”朱熹所说的是文章的写作，但道理也适用于模仿和创新。不管身处何种岗位，进行了哪种形式的模仿，说到底都是为了实现创新，单纯地模仿，最终只会把路越走越窄，很难有任何成就。

4. 打破规则，为创新增加更多可能

古语云，“无规矩不方圆”，说的是人生在世要学会守规矩。但这里的规矩更多的是从为人处世的角度阐释人们应该学会不逾矩、不越界，在人际交往中意识到“令行禁止”。然而从创新的角度来看，善于打破规则，或许才能开拓出一片新天地，正所谓“不破不立”。

从这一层面来讲，规则会限制人的发展，禁锢人们的思想，甚至会阻碍社会的发展和进步。当然，这里所说的打破规则，并不意味着胡来、乱来，不分青红皂白地对一切规则发起挑战，而是对那些束缚人们手脚的、不合理的规则说不，以突破规矩，另立方圆。

卓别林说：“对于一个艺术家来说，如果能够打破常规，完全自由进行创作，其成绩往往是惊人的。”艺术如此，创新亦然。在规则之下，创新往往会被打压，因为创新意味着除旧，意味着打破原本平衡的“生态”。

有一年，海尔的员工调查了洗衣机市场，发现一到夏季，洗衣机的销量就会下滑。为什么会这样？人们在夏天会更频繁地洗衣服，可洗衣机销量怎么下滑了呢？经过一番市场调研才发现，原来市面上的洗衣机多是四五公斤的大容量洗衣机，而人们夏天常洗的却是袜子、衬衣、短袖等轻便衣物。换句话说，人们在夏天并非不需要洗衣机，而是没有适合洗涤轻便衣物的小容量洗衣机。

海尔打破了这个“规则”，有针对性地研发出一种“小小神童”洗衣机，容量只有1.5公斤，甚至最低水位可以单洗两双袜子。当这种洗衣机投放市场后，很快便热销起来。

当时业界有这样一个流传甚广的说法，也是个不成文的规定：“电风扇一转，洗衣机完蛋；电风扇一停，洗衣机准行。”业内已经把洗衣机的市场需求趋势概括成了一句顺口溜。但海尔的员工却通过调研，打破了这一固有规则。

现代著名画家李可染说：“踩着别人的脚印，最佳的结果也只能是亚军。”不懂得打破规则，就只能拾人牙慧。

行业中的规则是一种约定俗成的尺度，可以随着时代的发展、行业的变化而改变。如果被规则裹挟，不敢走出舒适圈，不能在激烈的竞争和人满为患的商业之路上另辟蹊径，便永远会落后于人。

有人把规则比喻成火车的铁轨，火车要想跑得既稳又快，就必须在预先设定好的轨道里运行，一旦“越轨”“脱轨”，必然受损遭殃。我们的思维也是如此，要在设定好的模式下思考，这样可以保证不出大错。

这样的观点不全然是错的，很多员工在自己的工作岗位上“不求有功，但求无过”，所以会始终保持刻板僵化的思维模式，试问这样又怎么能依靠创新实现人生的跃迁呢？

无论哪个行业，无一不遵从“创新者胜、守旧者败”的原则，那些始终“按常理出牌”的人终究会被淘汰出局，只有善于不断打破规则的人才会立于不败之地。

有一个卖豆子的商人，他有一套灵活多变的经商法则。有人问他是怎么通过售卖普通的豆子发家致富的，他说：“我根本没有售卖豆子，我只是一次次打破规则，售卖创意而已。”

豆子成熟后，如果赶上行情好，他会直接出售赚钱。一旦市场上豆子太多，他会马上调整策略，把豆子分成三份，一份沤成豆瓣直接出售。假如豆瓣售卖情况不好，干脆直接腌制变成豆豉，豆豉再卖不出去的话加水发酵，变成酱油。

第二份豆子则做成豆腐。豆腐做硬了卖豆腐干、做稀了卖豆花，再稀的话直接卖豆浆。假如豆腐卖得不好，放置几天后制作成臭豆腐，若还是卖得不好，就让它长毛腐烂后变成腐乳。

第三份豆子发芽变成豆芽。豆芽卖得不好，就让它长大一些变成豆苗，豆苗没有销路干脆让它长至可以做盆栽的程度，并取名为“豆蔻年华”，可以运送到城市里各个学校门口或是高级公寓附近售卖。

如此循环往复，在各个环节或多或少都会有相应的收入。

规则往往是给那些思维僵化、墨守成规的人制定的，那些敢于打破规则，“除旧布新”的人，总会通过各种方式“变废为宝”，或直接反其道而行，或打破创新的桎梏，永远走在体验和尝试的路上。

如果一个人死守规则，不敢越过半步，就会失去寻觅和探索的勇气。弱者遵守规则，强者打破规则、制定规则，甚至会让他人遵从自己的游戏规则。因而，具备创新意识，就等于在世间万事面前掌握了主动权，可以主导一些事情的发展方向和脉络，同时在面对一道难题时也就有了多角度的解题之法。

很多时候，难题之所以难恰恰是因为我们总是采取惯用的思考模式，倘若在这时学会变换思路，突破规则的障碍重新去看待难题，或许它就没有难度了。

创新，推动了历史的变迁、社会的发展和个人的进步。创新除了需要灵活的思维，更需要动手实践，而实践的过程便是颠覆规则的过程。

每一场比赛都有赢家和输家，要想在这场人生大赛中做个常胜将军，就必须学会打破和重组。打破是学习的过程，重组是创新的过程。

打破规则的前提是熟悉规则，对规则一知半解，不清楚规则的优点和缺陷，胡乱打破，只会做更多的无用功。只有熟悉了规则，才能驾驭我们的思考和灵感，这样的打破才有意义，绝不能单纯地为了打破规则而去打破。

重组则是“取其精华，去其糟粕”，留下最有价值的部分，以此为基础，融入新想法、新思路，从而实现创新。归根结底，无论何时都不能被规则所累，要让规则服务于我们，而不能让我们成为规则的奴仆！

5. 变通思想，激发创新活力

常言道：“树挪死，人挪活。”这句谚语的本意是说一个人得不到重用，无法发挥才能，最好换个地方，不能死守一处，这样更容易找到可以发挥自身才华的地方。这里的“挪”即是一种变，这句谚语最有价值的部分也正在于产生“变”的思想。

变，也可以理解为创新。一个不善于变通思想的人，即使面对各种各样的机会也很难抓住，这不单单因为他思维僵化，也是缺乏智慧的表现。

无论在生活中还是工作中，我们都要学会变通，待人对事不应拘泥于一种方法、一种方案。面对日新月异的变化，学会变通，“以变治变”，才能在这个充满变化的世界中更好地生存。

古往今来，那些不懂得变通的人和事都早已消失在历史的长河中，唯有能够适应变化者才能永远存在。变是自然规律，也是社会规律，今时今日，身处各个岗位上的员工更应该将变通内化为一种行为方式，以实现人与社会和谐、长久地共处。

一个年轻人听闻某处有一位擅长穿山之术的大师，便想找到这位大师当面询问。他并不相信一个人可以不借助任何外界条件的辅助穿过一座山，所以他翻山越岭，长途跋涉，终于来到了大师的住所。他说明了自己的来意后，大师便决定第二天早晨去城南的“巨石林”当面为他表演穿山之术。

第二天一早，年轻人迫不及待地赶到“巨石林”，发现大师已经在那里等他了。现场还来了一些看热闹的人。

年轻人开门见山地问大师：“大师，你现在可以开始表演了吗？”

大师点了点头，便从一块巨石旁走过，来到了另一块巨石旁，接着又从那块巨石旁绕了回来。

年轻人一头雾水地看着大师，觉得大师实在名不副实，甚至在有意戏耍他，不禁气愤地说：“大师，这就是你的本事吗？你是不是在戏耍我们？”

大师一脸笑意地说：“年轻人，山不过来，我就过去，这正是我的法术啊！”

年轻人心头一惊，顿时豁然开朗。

《易经》中说：“穷则变，变则通，通则久。”任何事物要想获得持续发展，不受阻塞，必定要在发展到极点时发生变化。引申到个人立场上说，即是一个人学会了变通，就不至于在很多事情上钻牛角尖，会审时度势，灵活掌握。

故事里的年轻人被大师的一句话点醒了，他也应该明白所谓的

“法术”不过是学会变通罢了。学会变通，就等于掌握了一种可以在人生路上越走越顺的“法术”，它并不高深也不玄妙，但却需要我们有一颗充满活力的心。

有一位企业家曾说：“更多的时候，我们在生活的路上走得不好，不是路太狭窄了，而是我们的眼光太狭窄了。”变通，首先要求我们对周围的事物做出准确的判断，根据各种已知信息推测出一件事是否可以变通，是否具备变通的条件；其次，变通的内容和方式也要因时因事而异，并弄清楚变什么、怎么变；最后，变通的时机和具体步骤要做到心中有数。

变通，说起来不过是思想上的变化，但真正运用得当却需要缜密的思考。世间万事万物都处于不断地变化之中，这也要求我们必须跟上这种变化才能得到提升、获得发展、做出成绩。

世上没有死胡同，全赖于我们在自己的岗位上是否能找到出路和方法。堵在心门的“愚”，要依靠变通思想来打破，从而激发出创新活力。

某公司采购供应中心采购员曲某，主要负责协助采购经理做供应商信息收集和初步筛选的工作。按照公司的常规操作和工作逻辑，他只要通过网络查询、已有供应商转介绍、自己积累的客户资源以及同事、朋友等渠道就可以把工作做得尽善尽美。

这份工作不涉及创新，只要照章办事，按时完成任务即可。不过，随着公司对大型生产设备的采购，加上董事长也十分重视这方面的事情，公司对供应商提出了更高的要求和标准，有一些甚至极为苛刻。采购中心接连上报几次的供应商名单都没能达到董事长的要求，采购工作一度陷入泥淖之中。

在公司召开的几次高层会议上，董事长当众批评了采购部总裁和项目采购经理。大家焦急万分，因为一旦拖延生产工期，谁都承担不了责任。轻则没有年度绩效，重则总裁、经理都会失去工作。一时间，大家都没有什么好办法找到让董事长满意的供应商。

曲某在与同学聚会时，说出了自己面对的困难和压力，同学们都不住地开解他、安慰他。一个同学提醒道："很多时候，事情不只有一个面。"这句话似乎让曲某想到了什么。对啊，为什么不能转变一下思路和工作方式呢？

第二天，曲某先联系了行业协会和在生产企业工作的同学，又联系到几个权威人士和品牌供应商。他的设想是，除了支付给权威人士额外的顾问费用之外，项目不会增加太多成本，但获得的效果肯定超出预期。

计划成熟后，他马上向经理和总裁汇报，得到认可后，便把提案报送给董事长。董事长看过提案后，终于露出了满意的笑容，在会上公开表扬了曲某，说他善于思考和变通。之后，通过品牌供应商的推介、业内权威人士的当面沟通，再加上业界大型企业的案例分析，董事长之前的顾虑全然不见。

最终，董事长选择的供应商便是曲某第二次提交的供应商名单中的一家，他的顾忌和疑虑成功地在曲某的变通思想中转化为了对后者的"鼓励"。半年后，曲某荣升为采购主管。

危机之处见转机。一件事情被卡在某个当口，有时未必是事情本身出了错，或许是方法和顺序不恰当，灵活地调整策略、改变步骤，眼前就会呈现出另外一片景象。

在工作中，总有一些员工不善于变通思想，他们在岗位上各有贡献，可却不能顺势而为，始终带着定式思维，一根筋地把手上的工作做完便觉得万事大吉，从不思考如何花费更少的时间和精力做出更多的成绩。甚至有人会怀着这种思想："反正前途不明，犯不着去冒险，费脑筋。"试问这样的人，又怎么能提升自我，担当重任呢？

6. 挣脱束缚，突破创新边界

每一种创新性活动都可能产生全新的，甚至革命性的概念或成果，而实现这一切的前提便是不被框定，思想不受约束和局限。

我们身边有太多人——也包括我们自己，常常会因为思维的惯性而被束缚，比如我们熟知的成语"杯弓蛇影"，便是一种思维受限的表现。在工作岗位上，惯性思维常常会让我们走弯路、吃苦头，因此，如果我们的思维不具备创新性，始终深陷于过往的经验、知识和习惯之中，是永远都无法突破创新边界的。

某位开锁专家声称世界上没有他打不开的锁，他为此还特地做广告宣传，表示自己可以在规定时间内打开任何一种锁，如果失败，便会拿出高额奖金。此后，在很长一段时间内都没人能难住他。

为了赚取更多财富，他四处巡回演出。一次，他带领的演出团来到一个小镇上，他的表演让人们感到惊奇，因为他当着大家的面打开了各种各样的锁。为了更有挑战性，他把之前的奖金额度翻了一倍，可是仍然没有人能难住他。

直到有一天，表演团结束演出后，打算离开小镇，突然来了一位白发老者，老者让开锁专家进入一个看上去十分坚固的牢笼，铁笼的门上挂着一把看起来很复杂的锁。这对开锁专家是个不小的挑战，他也很乐于接受这样的挑战。

不过，这次却没能如以往那样顺利，这把锁与他先前见过的都不一样，即便他想出各种办法，用了各种工具，还是没有听到像往常一样听到锁簧弹开的声音。最终，无计可施的他只能放弃，承认自己失败了。

老者见此情形，面带微笑地走过来，伸手直接将那把复杂的锁从铁笼的门上取了下来。开锁专家被老者的举动惊呆了，瞪大双眼盯着那把锁。原来，这把锁并没有上锁，它仅仅是个摆设而已。开锁专家怎么也不会想到，老者会拿一把没有上锁的锁让他开，被成绩迷住双眼的他，那灵巧的开锁思维也被束缚住了。

开锁专家的技能是开锁，他的思路也始终停留在打开各种“上锁”的锁上，从没想过如何打开一把“没有上锁”的锁。正是这种惯有的思维方式，让他很难走出既定的模式、框架，也就自然无法打开老者的那把锁了。

当然，惯性思维的存在并非一无是处，一旦它能够与现实相吻合，就会产生积极作用。不过，也有不相吻合的情况，届时只会让我们变得更加懒惰且呆板，同时思维受限、行为受阻，毫无创新意识。

比如，在职场中，一些人换了公司或公司换了领导，他们会表现出很自然的“水土不服”，各个方面都不适应，这是因为他们自然而然地把以往的处事方式、原则和习惯拿来即用，如此照搬照套，又怎么会适应呢？毕竟周围的环境变了，意识也要随之改变，要懂得挣脱经验和习惯的束缚，否则根本谈不到突破。

惯性思维是创造力产生和发挥过程中的巨大障碍，如果不能冲破这种束缚，在遇到问题时只能依托于过往经验，不懂得绕道而行，久而久之，我们很容易就变成了惯性思维的“俘虏”，只能在既定框架内原地踏步。

挣脱束缚的最佳办法便是敢想敢干，正所谓思路决定出路，格局决定结局，每一次创新都是对经验的适度否定。当我们能做到改变自己的认知，在意识上标新立异，并将大胆的设想付诸行动，就会取得意想不到的突破和成果。

某制衣厂常年生产一种汗衫，开始很受欢迎。但随着社会的发展，潮流的变迁，老式汗衫遭遇了瓶颈，别说年轻人，一些稍微上年纪的老年人都不愿意购买。这使得这家制衣厂的效益每况愈下，几年间，积压了大量货物，资金链几乎断裂，工人的工资都成了问题。一家原本红红火火的制衣厂，眼下到了濒临倒闭的地步。

危机来临，领导层便想着如何改革、创新。这时，一个年轻的员工拓展思路，发挥想象，产生了一个与众不同的提议：在积压的汗衫背面或前胸印上流行词汇，比如“我的青春我做主”“您吃了吗？”等。他的想法是，汗衫的“老”加上时代的“新”，这种对比会让汗衫散发出有一种别样的味道。年轻人求新求奇的心态，也会因此被满足，如果成功了，“老汗衫”就可能变成“潮流衫”。

年轻人锐意进取，想法出新出奇，老员工却不敢苟同，他们觉得在好好的衣服上印上这样的流行语，看起来不伦不类，老顾客还会购买吗？真是滑天下之大稽！

然而，除了这个办法，也没有其他解决之道了。厂长经过一番思考，决定按照这名年轻员工的想法，先做出一部分投放市场，看看效果。

很快，一批印有流行词汇的汗衫出现在市场上，厂长还特地为这种衣服取了一个名字——潮流衫。让人意想不到的是，这批潮流衫一经上市便受到了年轻人的追捧，就连一些年纪稍大的人也纷纷解囊购买，准备在节假日或全家出游时作为“家庭衫”来穿。随后，制衣厂又接连印制出第二批、第三批潮流衫，一时间，穿潮流衫成了一种“新时尚”。

年轻人的这一设想不但解决了厂子的库存问题，也算成功救活了制衣厂，使得该厂当年盈利达数百万元。

一些原本持有反对意见的老员工也惊奇地发现，汗衫的老客户群体虽然有所萎缩，但却吸引了基数更为庞大的年轻群体。

人们对很多事情都有习以为常的认知，即便他们本身也意识到这种认知不够科学，甚至是不合理的，但固有思维仍然促使他们在一条并不宽敞的路上一直走下去。这会造成什么样的后果呢？只会越走越窄，直到无路可走。

因而，必须要及时挣脱束缚，突破思维局限。探索是创新者最鲜明且独特的气质，一个拥有探索能力并能持续探索的人，在任何领域和岗位上都有会卓越的表现，因为他们始终有锲而不舍的韧劲、突破极限的果敢和不断钻研的匠心。

7. 撬开禁锢大脑的枷锁

哲学家爱密勒·查蒂埃说：“世界上最糟糕的事，莫过于只有一个主意了。”当一个人的头脑中对于一件事只有一种反馈时，那么他多半会失败。任何事情都具有多面性、多样性，解决的办法也永远不止一个，所以一旦只朝着一个方向，便会“一叶障目”，甚至连最明显的那一面都看不到。

“化茧成蝶”的故事告诉我们，毛毛虫只有突破禁锢的老茧，才能成为五彩斑斓的蝴蝶。因而，只有勇于冲破枷锁的人，才能在成长路上收获更多。

有人曾做过一个实验，在一张白纸上点一个黑点，然后拿给一些成年人看，成年人看后都异口同声地说：“这是一个黑点。”但在幼儿园的孩子眼中，“黑点”变成了“一顶小草帽”“烤煳了的面包”甚至是“被捏扁了的臭虫”。为什么成人和孩子看到的不一样？因为天真的孩子大脑中没有枷锁，认知没有框架，他们可以自由地展开想象。

反观成人，正是由于受到陈规的束缚，失去了创新意识，变得没有想象力了。诺贝尔医学奖获得者乔奇说：“发明和发现存在于在看到人人都看到的东西的同时，想到从没人想到过的东西之中。”

有一位著名的科普作家，智商高达160，可谓天赋异禀。凭借着这份聪明，他涉猎了生物化学和历史，并成为这两个领域内的专业人士。他也知道自己很聪明，于是常常为他人解惑答疑。按理说，这样一个天才型的人物几乎不可能有僵化的思维，但他的大脑却仍然会有被套上枷锁的时候。

有一天，他碰到了一名洗车修理工。修理工给他出了一道题：一个聋哑人想买几根钉子，便在售货员面前比画了一个手势——左手食指竖在柜台上，右手握拳做出敲击的动作。售货员马上明白了他的意思，给他拿出一把锤子。聋哑人见状摇摇头，于是售货员知道他是想买钉子。

聋哑人离开后，又来了一个盲人，他想买一把剪刀，他要怎么做才能让售货员明白他的意思呢？

科普作家想了想，马上伸出食指和中指，做出剪刀的形状。汽车修理工一看，马上笑着说："你答错了！盲人只是眼睛看不到，他并不是聋哑人，所以他只要开口说'我要买剪刀'就可以了，为什么还要做手势呢？"

科普作家一听，不禁满脸通红。修理工又说："事实上，在问你这个问题之前，我就知道你可能会答错，因为你受的教育太多了，不会很聪明。"

汽车修理工所说的话似乎与我们的常规认知相抵，一个身为科普作家、生化学家、历史学家，智商可达160的人，怎么可能不聪明呢？但他的另一句话好像给出了"答案"：你受的教育太多了。

这个回答无关于教育本身，其意在于正因为受到各种各样的教育，所以大脑会形成对各种知识的"应激反应"，即出现某种难题，大脑中会蹦出对应的知识予以解答。从这个意义上说，这位科普作家的大脑无疑被"书本型枷锁"禁锢了。

这种情况常见于刚刚毕业参加工作的大学生，他们在书本上学到了很多知识，因而在工作中遇到难题后，会对应书本知识"照本宣科"，不进行实际分析和思考，拿来即用。殊不知，学校与社会是两个不同的"系统"，照搬只会让他们在工作中变得手足无措。

书本型枷锁是职场上常见的一种禁锢大脑的障碍，除此之外还有以下几种影响创造力的"枷锁"。

从众枷锁。这类似于"三人成虎"，即当一个人说你做错了的时候，你可能并不会在意，可第二个、第三个人也这样说，你就会对自己产生怀疑。为了"安全起见"，你会舍弃大脑中的创新思路，与众人站在一个阵营，这会让你觉得风险更小。

权威枷锁。某专家说"吃鱼聪明"，于是很多人都听之信之，会多吃鱼；公司的领导指示你去做某项工作，但指导方法耗时费力，你原本有更快捷的方法，可受制于“他是领导，你是员工”的观念，你不得不听命行事，久而久之，“权威”会让我们省去思考的步骤，变成他人思想的提线木偶，只会遵从，不会分析。

经验型枷锁。在一个工作岗位上时间越久，积累的经验越丰富，但也更容易形成僵化的思维方式。当遇到新问题时，也惯于使用以往的经验来解决。经验会让我们在工作中面对各种情况时有更多样的应对方案，可问题的类型却并不总是类同的，新问题需要新的思考方法和角度，过于依赖经验，就难以跳出思维的“墙”，也就自然无法实现创新了。

自我中心枷锁。无论在生活中还是工作中，我们总是习惯性地把自己的观点和立场作为衡量一切的标准，继而在不知不觉中形成了一个禁锢大脑的枷锁，这种枷锁的存在，等于封闭了更先进、更正确的观点进入内心世界的可能性，于是我们总觉得自己做得最好，眼睛看不到新事物，也就谈不到创新了。

唯一答案枷锁。在工作岗位上，当我们找到某一正确的工作方法后，通常会马上终止寻找，不会考虑“很多事情没有唯一答案”这一点，由此便失去了再探索的欲望，也就不会再有创新意识了。

求稳枷锁。这种枷锁最为常见，因为很多人在一定岗位上做的时间久了，就容易产生“安于现状”的心理，希望一切按部就班，循规蹈矩，不出“岔子”，于是关于创新的一切元素都从他们的脑海中被剔除干净了，即便他们有创新的心思，也总是会因为“求稳枷锁”的作祟而不了了之。

众所周知，创新有赖于积极、充分、全面的思考，可上述种种枷锁却会让我们的思考停滞，在它们的导引下，我们会不知不觉地沿着头脑中更熟悉的路线和方向前行，最终又会绕回原点。

那么，面对种种禁锢大脑的枷锁，我们应当如何应对和破解呢？

首先，在心态上寻求突破。如果一个人从内心深处排斥创新，也就无法真正撬开这些禁锢大脑的枷锁，这样的人安于现状，在工作中不寻求突破，在生活中也不期望改变，所以即便有回天之力也很难让他们转变视角。所以，只有当主观上意识到创新的价值，并坚信创新会为自己的工作和生活带去无限可能时，才有谈应对和破解的必要。

其次，打开视野的维度。事物的复杂性和多样性，决定了每个人都可能成为创新能手，自然答案不只有一个，那么通往成功的路径也自然不是唯一的。所以，在工作岗位上学会分析问题的属性和特征，多角度思考，就更容易看到事物本来的面貌，也就更可能实现创新了。

再次，学会颠倒和转变。颠倒的是思维，转变的是视角，比如工作中的一个难题，正面分析后，要从侧面分析；顺着思考完，要逆向思考；找到难题的对立面，从另一个渠道入手解决。转变视角往往会让人眼前一亮。

最后，增长见闻。撬开禁锢大脑的枷锁、打破思维定式并非一蹴而就，这是一个相对耗时费力的过程，毕竟我们形成定式思维和枷锁的过程一样漫长。因而，有必要增长新知识、新理念，让自己的大脑接受新事物的刺激，从而产生对抗旧思维的动能。

8. 具备超前意识，才能领跑创新

如果说模仿是为了节省创新成本，那么超前意识则是让创新增效。具备超前意识并不意味着在创新的各个环节都要抢在前头，至关重要的一点是，首先应具备超前意识，要想在前头。

所谓超前意识，即是早于他人洞悉一个领域的发展方向，并能先于他人落实行动。简单来说，就是要有预见性。在充满竞争的时代，每个人都在积极地寻找生产和发展路径，这更凸显出超前意识的重要性和价值。没有跳跃的思维和灵感，就很难走在他人前头，也就无法实现创新。

若把超前意识更细致地剖析开来，可以直接理解为“未雨绸缪”，把眼光放得足够长远，为未来做打算。换句话说，便是用今天的资源做明天的事，等到了明天，你自然就走在他人前头了。

小李是某浴场二楼新来不久的服务员，一天晚上11点多，他正在楼上值班，不一会儿接到了前台通知，211房间有客到。很快，两名客人缓缓走上二楼。小李马上快走几步迎上前去，热情地问候，并主动接过两名客人的公文包和手牌，帮他们打开房门，做出“请进”的手势。

放好公文包，小李马上为他们打开电视，并询问他们是否有喜欢看的频道。客人顺口说出一个频道，小李马上调了台。这时，只听其中一位客人说：“太累了，现在就想好好睡一觉。”小李心想，现在接近午夜了，客人这么晚来，想必是忙碌了一天，眼下最需要的是洗个热水澡，吃上一顿美餐。想罢，小李询问他们是否需要用餐。

两人对视了一下，其中一个对小李说：“今天忙了一天生意，都没顾上吃饭。”小李马上向二人推荐了浴场餐厅的几道特色菜，并说明现在点餐，半小时后就可以送来。这期间不妨先洗洗澡，回房间就可以直接用餐了。

客人觉得小李说得很有道理，便出去洗澡了。小李马上联系好厨房，在他们回来之前就把饭菜摆放在屋里的餐桌上了。两人回来后看到美味的饭菜，连连夸赞小李既贴心又高效，不住地递烟、劝酒，小李婉言谢绝了，随即走到门口，说有事情随时可以叫他。

几个小时后，两人要离开，小李马上帮他们提行李、取鞋、结账，客人结完账后，拿出一张百元大钞递给小李，小李仍然谢绝，但客人执意要给，并说这是他应得的奖赏。其中一位客人还特地看了小李的工牌，夸赞他有前途。

值班经理看到了这一切，等客人走后又表扬了小李一番，第二天还把小李的行为上报到领导，领导为此开会表彰了小李，并把他的名字加在了主管备选名单之中。

这是一个预见性服务的案例，或许看不出与创新有太直接的关联，但这切切实实是一种服务创新。由此及彼，倘若每一家浴场、每一间酒店的员工都能有小李这样的超前服务意识，试问谁能不说这是整个服务行业的一大创举呢？

值得注意的是，预见性服务并不代表过度服务。某些行业为了让消费者体验到“上帝”般的感觉，刻意地推出各种服务，但这些服务太过形式化、刻板化，给人的感觉并不“接地气”，反而会因此感到拘谨和紧张。这样的超前意识并不可取，因为真正能让人感到舒服的服务是对方出于真诚之心，切实地站在客户的立场，提前解决客户的小需求、小问题。

在服务行业，超前意识更能体现创新性。这是因为，服务行业的性质是“一对一”式的体验，更加看重主观感受，如果被服务的对象感到不舒服，那么这种服务就是失败的，没有意义的；相反，你的服务总是先客户一步，在整个服务过程中，你成了真正意义上的主导者，让客户感受到事事贴心，并解决了他的问题，便自然会赢得先机。

做有预见性的事情需要有承受失败的心理和勇气，客观地说，超前思维带来的不只有创新，也可能是“偃旗息鼓”。不过，这并不能成为我们在工作岗位上裹足不前的借口。超前思维会领跑创新，很可能帮你开拓出一片“蓝海”。

第三章

颠覆性思维——拆掉守旧的墙

思维决定认知，认知决定格局，格局决定成败。在实现岗位创新的过程中，拥有颠覆性的思维意义非凡，思维的求实性决定我们必须要带着批判的眼光看待一切，从而不断提出新的构想。灵活地转变思维，产生更新的想法，会让我们在解决问题时更有成效。

1. 敢于质疑：没有怀疑，就没有创新

爱因斯坦曾说，提出一个问题往往比解决一个问题更重要，因为解决一个问题也许仅是一个数学上或实验上的问题，而提出新的问题、新的可能性、从新的角度去看旧的问题，需要有创造性的想象力，而且标志着科学的真正进步。

我们从小就被老师和家长教导“不懂就问”。通过提问，我们心中的疑惑会被揭开，问得越多，被揭开的“谜底”就越多，收获也就越多，继而也不再惧怕产生新的问题。而且通过提问，我们的思维会变得更加活跃，对万事万物都会发出各种各样的提问。

可是，为什么成年之后的我们面对显而易见的疑惑也不愿持怀疑态度、发出质疑之声？归根结底，是我们在生活中和工作中变得“机械了”“麻木了”，认为就算对一件事情有怀疑，睁一只眼闭一只眼也就过去了，为什么非要去较真儿，非要弄个明白呢？久而久之，我们不再有独立思考的习惯，对什么事情都没有怀疑，也不敢质疑，最终成了一个“流水线”式的“打工人”。

这个世界充满疑问，可以说，整个人类社会正是因为解决了一个个疑问才走向了飞速发展的今天。

哥白尼对流传千年的托勒密“地心说”产生怀疑，才有了创新性的发现，提出“日心说”；托马斯·杨对牛顿的“微粒子”理论提出疑问，才能在建立光的“波动学说”方面做出突出贡献。他说：“虽然我很仰慕牛顿的大名，可并不能因此说他是万无一失的。我很遗憾地看到

他出了错，而他的权威往往会成为阻碍科学进步的最大阻力。”

科学的进步依靠质疑，我们普通人在工作中的进步也同样离不开质疑。质疑是创新的首要条件，要想实现创新，必须先有疑问。很多时候，多在脑海里打上几个问号，我们就会离创新越来越近。

在各种各样的岗位中，大多数员工存在的一个难点便是很难提出“为什么”，因为他们都觉得自己平日里的工作已经“尽善尽美”。可事实上，有太多的疑问存在于我们的工作中，这些疑问恰恰是实现自我提升的关键。

具备质疑精神，才会真正抓住问题的根本，任何事情，只要它是对的，就经得起质疑，反之就会露出马脚。

作为企业的员工，唯有敢于质疑自己的工作，才能在工作中逐步提升自己的创新能力，从平凡走向不凡，从优秀走向卓越。

郭阳是一家电子公司研发部的职员，在工作中，她常常会认真地寻找组织管理中存在的漏洞和失误，从而提出一些极具挑战性的问题。领导和同事总会被她的这种做法搞得头昏脑涨，可又不得不承认，正是她的这种质疑精神，才让公司避免了很多损失。

一次，公司高层制订了一个战略规划，打算开发一种新型胶印机械。方案已经拟订完毕，资金也陆续到位了。可郭阳在工作一开始就对这款即将开发的产品产生了怀疑，在她看来，这个项目在操作上有点操之过急，而且高层在制订该项目计划时并没有对所研发的产品做更细化的论证，这无疑会让刚开发出的产品一经上市便惨遭淘汰。

为此，郭阳马上把自己的怀疑之处都写了下来，还附带了很多改进建议。她的怀疑有理有据，提出的建议也非常有建设性、创新性，甚至为另一个项目的上马提供了很有价值的参考，所以高层领导十分重视，重新开了一次研讨会，深入地论证了市场情况和项目本身，最终又经过专家的审查，决定彻底放弃该项目。转而，通过她的建议，公司掉转船头，上马了另一个更具市场前景的新项目。

郭阳的举动让公司高层十分感动，而郭阳也凭借着自己的这种先质疑、后创新的精神拓宽了自己的职场路。

提出疑问便意味着进行了深入思考，而深入思考则会打开另一扇门，会让人对同一件事产生新的认知，从而实现创新。

疑是思之源，思是智之本。有了疑问，就有了探索新知的动力。换个角度看，创新的起点源自疑问，当一个人能够不断地提出问题，就说明他是一个思维活跃、善于积极思考的人，质疑的过程，其实也是一个积极思考的过程。有了积极的思考，创新便会随之发生并变成现实。

2. 逆向思维：创新的“N+1”个角度

世界是多维的，而我们只有一双眼睛，所以很多人看待事物的角度总是随心而动，主观上看到事情是什么样的，就认为那就是事情本来的样子。但这样往往会让我们忽略真相，继而降低心智“带宽”，做出错误的判断和选择。

工作中，一个项目或一个方案，并不一定要百分百按照已有计划落实，当我们能够绕到它们的另一端，或许就会看到另一种景象。

一家建筑公司在为客户装修房子时遇到了一个“大难题”：如何把新电线穿过一个10米长、直径仅为2.5厘米的管道？更棘手的是，管道被砌在了墙壁的砖石里，还弯了4个弯。这难倒了在场的所有人。

工人们知道，如果想把电线装好，只有打破墙壁才行，但那样一来，既增加了时间，提高了成本，而且房主也未必会同意——毕竟好好的墙壁被拆除，无端地让房子受损了。怎么办呢？

这时，一位水泥工走了进来，他说自己有办法。他先是让同事去商店买来一公一母两只小白鼠，之后把电线绑在公鼠身上，把它放到管子的一端。再让同事把母鼠放在另一端，并逗它发出“吱吱”的叫声。公鼠听到母鼠的叫声后，顺着管道一路狂奔，继而把电线顺利地穿过了管道。

这的确是个好的办法。水泥工采用了新的思考角度，成功地解决了眼前的大难题。由此可见，只要能够改变认识问题和解决问题的角度，难题一下子就会变得再简单不过。

工作中，很多员工并不是排斥创新，只不过采用了错误的方法，总是吃力不讨好，所以觉得创新太难，不是一般人可以做到的。归结起来，他们失败的原因主要在于对事物产生了错误的认知，遇到问题时总是单线思维，不善于从另一个角度深入思考。正所谓方法总比困难多，遇到困难时只要尝试从多个角度分析，抽丝剥茧，揪出造成困难的关键并攻克它，任何人都可以成为创新能手。

惯性思维往往是我们实现创新的“拦路虎”，它会让我们陷入思考的困境，绕来绕去始终在原地踏步。归根结底，就在于我们面对未知的一切充满恐惧，所以只能借助经验，循规蹈矩地去做事情。有鉴于此，我们应当鼓起勇气，以坦然的内心面对未知的挑战，当我们的心态变得平和了，也就能够保持冷静和从容，更加细致、深入地分析问题，并学会反向思考，从而打开逆向思维的大门。

有甲、乙两家制鞋厂，他们为了拓宽市场，向世界各地派遣了很多销售员。两家公司的销售员都很勤奋，想方设法地搜集各地区人们对鞋子的需求信息，并把这些信息呈报给公司。

这一天，甲公司得知赤道附近有一个小岛，岛上有很多居民，是一块待开发的市场。为此，公司马上派出一名销售员去做实地考察。很快，乙公司也了解到这一情况，他们担心市场被甲公司独占，便也派出了一名销售员。

两名销售员几乎同时登岛，他们发现这是一座封闭的小岛，岛内居民世代以打鱼为生，而且他们穿着粗布麻衣，打着赤脚。只有在礁石上捡海蛎子的人为了不弄伤脚，才把海草绑在脚上。

两个外乡人的到来让岛内居民十分惊讶，他们看着两人与自己不同的穿着，不禁议论纷纷，尤其对两人脚上穿的鞋子指指点点。居民们不知道那是“鞋”，便把它称作“脚套”。

甲公司的销售员看到这幅场景，不由得十分忧心，觉得在习惯于打赤脚的岛上建立销售渠道无疑是天方夜谭。他没有再调查什么，当即乘船离开小岛，返回了公司。在写给主管的报告中，他说：“岛上没人穿鞋，无法在岛上开拓市场。”

乙公司的销售人员见到眼前的场景却欣喜若狂，他觉得在这里开拓市场有着得天独厚的条件。正因为没人穿鞋，所以销售潜力巨大。因此他暂时留在岛上，与很多居民结为朋友。

在岛上居住的那段时间，这名销售员除了宣传穿鞋的好处，还把一部分样品免费赠送给岛上的居民。居民们穿上鞋后觉得脚下十分舒适柔软，走路也不用再担心硌脚、扎脚了，这些穿了鞋的居民也成了“活招牌”，不断地向同伴们诉说着穿鞋的好处。

此外，这名销售员还发现，岛上的居民之所以长年不穿鞋，是因为不少人的脚型与普通人不同。为此，他特地写了申请表，希望公司能够针对这些人生产符合他们脚型的鞋子。公司接到他的报告后，先是生产了一批试用鞋，很快销售一空，接着又生产了第二批、第三批。没用多久，乙公司便成功在岛上开拓了市场，建立了完善的销售渠道。而那名销售员，也被顺利提拔为销售主管。

在没人穿鞋的岛上卖鞋，看起来似乎是无法实现的，但只要有市场就会有需求，就看是能寻找新的角度了。

善于创新的人都爱“反着想”，他们很清楚，有时候正向思考并不会把我们带到我们想去的地方，但反着想——逆向思维却可以实现。换句话说，员工要想在自己的岗位上实现创新，不要一味地想着如何去创新，而应从另一个角度，即阻碍创新的因素入手，只要排除了创新的阻力，也就自然会有明智的决断了。

著名教育家陶行知曾提出过一个“6W2H 法”，它似乎可以帮助我们找到无法创新的根本原因。

第一个“W”是“why”（为什么）。即要知道为什么需要创新？为什么做不了？为什么一定要做……

第二个“W”是“what”（做什么）。谁是创新对象？目的是什么？重点是什么？规范是什么……

第三个“W”是“who”（谁）。谁来主导创新？谁可以做？谁是决策人？谁会收益？谁被忽略了……

第四个“W”是“when”（什么时候）。什么时间完成？什么时间参与者容易疲劳……

第五个“W”是“where”（什么地方）。从哪方面入手？哪里有资源……

第六个“W”是“which”（选择哪个）。要达成什么样的创新目标？哪个方案最有利于达成目的……

第一个“H”是“How to”（怎么去做）。怎么做最省力？怎么做最快？怎样避免失败？怎样提升效率……

第二个“H”是“How much”（何量）。性价比如何？

“6W2H 法”是一种通用的创造技法，是陶行知在“5W1H 法”的基础上演变而来。为此，他还特地写了一首小诗：我有八位好朋友，肯把万事指导我。你若想问真名姓，名字不同都姓何：何事、何故、何人、何时、何地、何去、何如，好像弟弟与哥哥，还有一个西洋派，姓名颠倒叫几何。若向八贤常请教，虽是笨人不会错。

如果我们能够在工作中灵活地运用这一创造技法，就会由单向思维向多向思维转变，因为这一技法本身就要求我们勤思考、多钻研，为创新提供源源不断的动能。

费曼学习法的核心理论是“输出倒逼输入”，引申到创新上来讲，便是结果倒逼流程与方式。当我们采取了正确的思考方式，使用恰当的促进事物朝着创新方向发展的方法，也就可以自然而然地坐享“创新”成果了。

3. 捕捉灵感：一闪而过的往往是“金点子”

我国著名科学家钱学森说：“如果把逻辑思维视为抽象思维，把非逻辑思维视为形象思维或直感，那么灵感思维就是顿悟，它实际上是形象思维的特例。”简单来说，灵感思维更具有偶然性、突发性和创造性等特点，它是多变性的、不可预见的，往往是人们脑海中的“神来一笔”。

灵感总是一闪而过的，及时地捕捉到灵感，会让我们在工作中事半功倍，但灵感又往往是可遇而不可求的，这要求我们善于掌握诱发灵感的方法，从自身的生理、心理、爱好和习惯等诸多方面入手，采用多元化的激发方式，不断地进行有意识的尝试。久而久之，灵感便会频现于我们的大脑之中了。

格兰仕进军上海市场时，遭遇了发展瓶颈，因为当时人们对微波炉并不熟悉，不少商场也不愿意把一件陌生电器摆放在自己的柜台上。

陈曙明见此情况，带领员工与商场人员好说歹说，终于说服一家商场给他们腾出一个柜台，声明在三天时间内若卖不出去，就撤掉柜台。解决了柜台的问题，又出现了新问题：商场销售人员大多不懂微波炉，所以没法向消费者介绍产品。怎么办？

陈曙明经过一番思考，决定亲自上阵。当天，他手拿一包鸡块站在柜台前，与其他几名业务员一起售卖微波炉。他一边向围观的消费者介绍微波炉的使用方法，一边分享着鸡块。不过大部分消费者只看不买，第二天还是一样。

当晚，陈曙明辗转反侧，他忽然想到：上海人过日子精打细算，非常节俭，注重实惠，所以可以从这方面下手。转过天，他带着米和水来到柜台前，开始以“微波炉比煤气炉更省钱”为切入点。

不一会儿，一名女顾客走了过来，疑惑地问他是不是真的“省钱”，陈曙明马上为她现场演示起来。女顾客终于相信了，打算要买，但没有带钱。陈曙明可不想让顾客流失，灵机一动，马上让业务员叫来一辆出租车，直接把微波炉送货上门。

陈曙明创新的销售方式很快让格兰仕在上海打开了局面，而且在其他城市也以此为跳板，迅速构建起了销售版图。

在这场“销售博弈”中，陈曙明的两次“灵感迸射”成为他破冰的关键。一次是突然想到上海人的精打细算，一次是突发奇想，送货上门。可见，当一个思路行不通时，要调动全身每一个细胞为实现突破服务。

著名趣味数学家马丁·加德纳说，有些问题运用传统的常规方法理解的确很困难，但若能放开思路，打破常规，灵机一动，问题就会顷刻间迎刃而解了。

虽说灵感具有突发性、不确定性，但它往往会因受到某些事物的启发才会迸射出来。众所周知，很多作家、诗人乃至于科学家等，都曾有过因长期处在紧张的工作中，精神高度集中反而效率低下的时刻，转而在散步、钓鱼、听音乐等休闲中，却能突然灵光一现，想到长久地困扰自己的问题的答案。从这个角度讲，我们是有可能从主观上“把握”

灵感的。

如果不想让灵感转瞬即逝，不妨在紧张忙碌的工作之余试试以下几种办法。

第一，冥想。很多瑜伽爱好者都知晓冥想的好处，也习惯于坐在瑜伽垫上冥想。我们在工作之余，也可以采取这种办法。比如清晨醒来之后先不要起床，可以紧闭双眼把一直困扰自己的问题在脑海中过一遍。有时候，在全身心放松的情况下，很多灵感都会迸射出来，一些悬而未决的难题也往往会迎刃而解。

科学家司各特说，我的一生证明，睡醒和起床之间的半小时，非常有助于发挥我们的创造性，期待的想法总是在我一睁眼的时候大量涌现。

第二，默想。这一激发灵感的方法发生在人们洗澡的时候。这段时间同样是一个人身心十分放松的时刻，往往会让人产生一种远离一切杂念和负担的独特感受。在这种特殊时刻，我们应当下意识地将更多信息逐一释放，并要充分想象，学会打散和组合，尝试更多的可能性。在这种多次尝试的过程中，以往从未有过的想法极可能会成为解决问题之道。

第三，静思。静思存在于各个场景之中，比如散步时，我们会更多地卸下防备，没有任何压力，闲庭信步一般边走边想，很容易诱发灵感。歌德曾说："我最宝贵的思维及最好的表达方式，都是在散步时出现的。"

第四，反常。反常，即一反常态，不按常理出牌，这会最大限度地激发灵感、找到创意、实现创新。因为反常意味着打破陈规，不遵从经验和固有方法，会促使人朝着更多元的方向去想，也就更容易捕捉到一闪而过的点子。

第五，融合。顾名思义，便是把几种思想、方法或趋势交汇在一起，为共同的一个主题服务，这样就极容易因为信息来源的多样性而产生新的化学变化，使人的脑海中呈现出另一番情景。

第六，挫折。我们在生活中和工作中总会遇到各种各样的挫折，甚至打击，在这种时候我们很容易灰心丧气，但这样的不愉快却反倒会在激发我们的灵感上产生不一般的效力。这很容易理解，比如我们因为某事受到挫折，会促使我们转变思路，用新的思考方式重新对待这件事。

上述六种可以激发灵感、捕捉灵感的方式较为实用，不过任何问题的答案从来都不是唯一的，每个人都可以选择适合自己的方式来获取灵感。但有一点是相通的：灵感往往是一闪而过的“金点子”。

在一条商业步行街上，老顾经营着一家规模较大的化妆品专卖店，这条商业街的人流量很大，所以他的生意一直很好。不过一年之后，街上突然多了好几家化妆品商店，它们很自然地分流了老顾的一部分生意。

一天，在开店营业之前，老顾碰到了在店门口打扫卫生的保洁员张阿姨。张阿姨正在专心地清扫卡在地砖之间的纸屑等杂物，但由于地砖缝隙过大，很难用扫把清扫干净。张阿姨见老顾来了，便迎上前问候：“老板，早上好，我想问一下，能不能重新铺设这些地砖？”

老顾这段时间正为生意的事情烦恼，便没好气地对着张阿姨说：“我可没有闲钱来做那些没意义的事情，现在来买东西的客人越来越少了，重新铺好地砖，就能招来更多生意吗？”

张阿姨先是一愣，接着看了看地砖，不由得灵光一现，大声说：“对啊！”老顾被她吓了一跳。张阿姨不好意思地看了看老顾，说道：“我想到了一个好主意，说不定真的能招来更多生意呢！”

张阿姨的办法很简单：把通往商店门口的行人过道上的地砖全部重铺，但铺设的时候不能按照一个平面，越靠近店门口的地砖，越要比另一边低一些，从街边到商店的地砖要一块比一块低。采用这种办法铺设好地砖后，商店的客人果然逐渐增多，因为过往的行人总是“不知不觉”地便走进店里了。而走进去之后，他们看着琳琅满目的货品，也就会随意选购几样，不会空手出去，这便无形中为商店带去了生意。

老顾店里的生意越来越好，张阿姨也慢慢地被“重用”，还逐渐参与到店里的经营和活动策划之中。

灵感总是突如其来的，它的突发性和不可预见性要求我们必须保持警惕，善于捕捉，正如巴尔扎克所说：“灵感，是天才的女神。她并不步履蹒跚地走过，而是在空中像乌鸦那么警觉地飞过，她没有什么飘带给诗人抓握，她的头是一团烈火，她溜得快，像那些白里带红的鹤，教猎人见了无可奈何。”

4. 发散思维：开启创新的“多元宇宙”

什么是发散思维？从概念上看，它又叫辐射思维、放射思维、扩散思维或者求异思维，指的是大脑在思维时所呈现出的一种扩散状态。简单来说，如果具备了发散思维，就可以实现“一题多解”“一物多用”。

每一名员工在自己的岗位上除了兢兢业业、脚踏实地之外，更应该有意培养自己的发散思维，由此便会产生更多创造性的想法，继而创造性地解决问题。

发散思维也是一种“立体式”思维模式，会让人不再局限于点、线、面，也就是说，它是一种由“二维空间”过渡到“三维空间”的思维。在工作中，具备发散思维会让我们把自己的思维从一种事物发散到多种事物上，跳出固有的惯性思维模式，从而打开大脑中的“多元宇宙”。

有一年，广西南宁市曾召开了创造学会第一次学术研讨会。参加会议的都是在科学、技术、艺术等方面有着出众表现的各领域人才。同时为了拓宽参会人员的视野，举办方还邀请了国外的一些著名专家、学者。

其中，有一位国外专家为参会人员讲课。他一共讲了一天半的课，内容非常新奇、极富魅力，大家都很喜欢听。课上，他拿出了一把曲别针，说要考考大家的发散思维能力，想想曲别针的用途。

话音刚落，会场上便响起了一片议论声。有的说可以固定胸卡、文件和挂日历，还有的说可以固定窗帘和书本，大家七嘴八舌，说出了二十多种。大家停止议论后，便问那位国外专家可以说出多少种。专家伸出了三根手指。

有人问，是三十种吗？专家摇摇头。三百种？专家又摇摇头，说道：“可以有三千种！”这个数字让大家非常震惊，无不被这位外国专家所折服。这时，坐在台下的中国魔球理论创始人、著名的许国泰先生内心颇为不安，因为他知道中华民族在历史上以高智商著称，在发散思维方面怎么能输给外国人呢？于是他给那名专家写了一张纸条，说自己可以说出曲别针的三千种用途。

那名专家非常震惊，在场的众人也半信半疑。只听许国泰说：我可以把曲别针的用途简单概括为“钩”“挂”“别”“联”四个字。除此之外，他又立足于曲别针的质地、重量、长度、截面、弹性、韧性、硬度和颜色等十个要素，用直线将它们连接成信息的轴栏，又把要动用的曲别针的各种要素形成竖轴，接着把两个轴相互垂直延伸，变成了一个“信息反应场”。然后，他把两条轴上的信息逐一相乘，实现了信息的交合。

通过这种方式，许国泰使得曲别针的用途无限拓展，比如加了硫酸可以制成氢气，还可以制成弹簧、外文字母、数学符号等。他在这次创造学会上，成功地让那些国外专家认识到了中国式的发散思维。

发散思维会让我们在解决问题时尝试更多的可能，不再拘泥和习惯于单一方法的思维模式。各行各业的人都应当培养各自的发散思维能力，其实每个人都拥有这种能力，只是呈现出的状态和程度不同，并且很多人并不能形成系统化而已。

要想让自己成功获取显著且系统化的发散思维，首先要了解这种思维方式的特点。

其一，流畅性。意为观念的自由发挥，指的是在最短的时间内产生并表达尽可能多的观念，或是更快地适应、消化吸收新的思想和概念。一般来说，机智程度与流畅性紧密相连，如果流畅度足够高，就意味着机智程度更强，对问题的反应也更多元。

其二，变通性。发散思维要求对事物和场景拥有更多的横向对比、跨域转化以及触类旁通，由此发散思维会拓展到更多的领域，这种多样性和多面性成了发散思维最大的特质。

其三，独特性。拥有发散思维的人往往会在某一个节点上做出异于常人的举动，这种新奇反应恰恰说明了发散思维的与众不同。

其四，多感官性。发散思维除了会运用视觉思维、听觉思维对接收的信息进行处理加工外，也会调动其他感官一起参与其中。甚至于，情感也会参与到发散思维的运作过程中。因而，我们若是能够设法激发兴趣、产生激情，赋予信息以感情色彩，也能极大地提升发散思维的速度和效果。

发散思维是发挥创造力、实现创新的有效办法之一。而创造需要我们首先运用发散思维，排列出更多的可能性，而后再聚合，筛选“可能性”，继而得出最终的结果。

在工作岗位上，员工要积极调动情绪，发挥主观能动性，尝试创造性地解决问题，展开想象，盘活思维，让自己的想法更新、更奇、更特。

一家家电公司召开内部会议，参会的各个高层主管正在为推陈出新的加湿器进行“头脑风暴”。当时家电市场上的加湿器样式繁多，各个厂家都在为打出自己的品牌大打广告战、价格战，以此争夺更多的市场份额。

市场竞争如此激烈，如何才能在琳琅满目的加湿器中脱颖而出就成了关键。这家家电公司的主管们绞尽脑汁，也没有想出更好的办法。在会上，大家也都纷纷提出自己的创意，并认为自己的想法更具有可行性和竞争力。

正当大家你一言我一语争论不休时，一名一直沉默不语的主管突然说：“我们为什么不尝试让加湿器脱离家电范畴呢？”他的话让大家顿时愣住了。接着，这位主管继续说道：“有一次，我看到我妻子在用美容喷雾剂，所以我们是否应该尝试把加湿器和美容产品联系起来？市场早已证明了这种需求。”

“好主意！”一直眉头紧锁的老板马上表示了赞同。很快，这家公司从美容的角度推销加湿器，并让这种新的加湿器成了市场上的一种紧俏商品。

在生活和工作等各个场景之中，我们都习惯于附和多数，人云亦云，就算提出了某些看似不同于他人的见解，也往往囿于大众的认知和判断不敢坚持，这便是缺乏独创性的表现。人们的这种倾向更多地源于在心理上要认证自己并不是孤立的，从而错误地把“人多”当成了最具说服力的一个证明。

发散思维则要求我们成为那个思想上的“孤独者”，要“冒天下之大不韪”，在更多的层面上与大众的行为“相悖”。有鉴于此，加上我们已经明确了发散思维的四个特点，所以不妨从以下几个方面入手来培养自己的发散思维。

头脑风暴

在惯常的会议中，“头脑风暴”是一个出现频率极高的词，它是一种建立在想法上的工具。通过一个想法产生另一个想法，之后再产生第三个想法，如此循环，直到得到一个或一系列行之有效且极具创造性的方式方法。这一工具多应用于集体讨论之中，每个人都会在参与的过程中贡献出自己的一份力量，也会成为讨论成果的受益者。久而久之，便会形成极具个人特色的发散思维。

心灵日记

很多作家在寻找灵感方面也常会用到这种方式，这证明它是一种适合培养发散思维的有效方法。我们在工作中或工作之余，可以试着捕捉稍纵即逝的想法，把它们记录在笔记本上。一段时间后，这个笔记本就会成为我们的思想宝库，里面极可能蕴藏着无限的机会。更重要的是，在记录的过程中，我们也会从点到面，让自己的思维越发具有“辐射性”。

自拟主题或创建思维导图

通常，用图片的方式呈现想法会更直观醒目，我们在这个过程中也能清晰地看到自己的想法到底存在哪些优势和缺陷，并以此可以发现一个想法与其他想法之前的联系。甚至在拟定主题或创建思维导图的过程中或之后，我们很可能把已经形成的这套系统全盘推翻，因为在制作时我们又有了新的思维动向。

发散思维是一种可以通过针对性的训练而获得的实现创新的方法，如果把思维看成树干，那么“发散”则意味着有更多伸展出去的枝丫、叶子等，枝丫、叶子越茂盛，意味着发散思维的能力越强。因而，员工在自己的岗位上要做创新的有心人，就务必要依托发散思维，突破常规和未知壁垒，由此创造奇迹。

5. U 型思维：绕过障碍是为了消除障碍

在我们之中，很多人都为生活和工作而奔走，并不能把更多时间和精力用在需要耗费很多心神却未必百分百获得一种能力的事情上，但这是否意味着我们就此偃旗息鼓？在创新方面束手无策呢？

U 型思维会给我们答案。什么是 U 型思维？在管理学上说，它是一种“以迂为直”的迂回法，意思是说，我们在遇到某些问题或针对某个问题进行思考活动，遇到无法消除的障碍时，不直面突破，而是通过避开或绕过障碍的方式来解决问题的一种思维方法。

古语云：“求忌直也，曲之乃得；拒忌明也，婉之无失。”又有

“将欲废之，必固兴之。将欲取之，必固与之”的说法，这些都是U型思维的具体表现。简单来说，在“矛盾”发生时采取必要的退却、妥协和通融等“软策略”，反而会达成预期目标。

在商场上，聪明的商人也知道要想获利必须先要让利的原则，牺牲眼前利益是为了换来长远利益，舍弃一时的财富也是为了培育更长久的财源。而从员工岗位创新的角度看，U型思维恰是能让员工避免与难题、阻碍正面硬刚，耗费更多心神却无法收获相应回报的策略。换句话说，绕过障碍不是“服软”“认输”，而是为了赢得更彻底。

小李和小胡一起去外地做生意。他们先来到一个盛产麻布的地方，小李对小胡说：“在我们家乡，麻布非常值钱，我们把所有钱都用来买麻布吧，然后带回家乡去卖，肯定能赚大钱。”小胡点头答应，于是两人买了很多麻布。

很快，他们又来到另一个地方，那里盛产毛皮，也刚好缺麻布。小李又对小胡说：“我们把麻布卖掉吧，因为毛皮在我的家乡更值钱！”这次小胡却不同意小李的做法，小李只能卖掉自己的那份麻布，又买了毛皮。

接着，他们来到的是一个盛产药材的地方，这里缺少毛皮和麻布。小李又建议小胡把麻布卖掉，他也会卖掉毛皮，把得到的钱都用来买药材，药材也是他们家乡稀缺的，带回去后肯定赚得更多。小胡依旧不肯，小李还是像上次那样卖掉自己的那份毛皮，又买了很多药材。这两次买卖之中，他已经赚到不少钱了。

再后来，他们来到一个盛产黄金的城市，当地极度缺乏药材和麻布，不过黄金价格一般。小李看准时机，再次建议小胡赶紧把手里的麻布卖掉，换取黄金。有了黄金，就吃穿不愁了。可是小胡一根筋地认为把麻布带回去会卖得更多，所以小李只能自己进行买卖。

回到家乡后，小胡开心地卖掉了带回来的麻布，虽然赚到了一点钱，可与自己长途跋涉付出的辛苦并不成比例；而小李却成了当地的富翁。

小李和小胡两人的结局之所以不同，就在于小胡固执地认为要想赚钱，必须把“值钱”的麻布带回家乡，所以一路上纵然有再多的机会，他都一一错过了；小李却能够实时地变通，以U型思维方式看待问题，从而一次次地做出“创新之举”，像滚雪球一样快速积累财富，成为富翁。

有一个成语叫“曲径通幽”，原本的意思是弯弯曲曲的小路通向风景幽美的地方。这虽然描绘的是自然现象，可也同时给出了我们在处理问题时的指导方法。当前路一片迷茫，甚至无路可走时，另辟蹊径，在小路上求索，往往就会找到另一条光明之路。

在创新上采取U型思维，会更容易挖掘出事情的本质，我们惯用的是直线型思维，即所谓的“兵来将挡，水来土掩”，这更容易产生思维惰性。采取U型思维，或叫U型思考，有时可以更快找准问题、看透本质。

U型思维的核心包括四个方面：问、挖、破、立。

问，就是问问题，定义我们的核心问题。比如在工作中，发现自己的工作效率并不高，就可以定义问题：我为什么要提高工作效率？什么是提高工作效率……通过这种方法，就可以看到提高工作效率的本质。

挖，就是找到问题的本质。亚里士多德曾说，在每个系统探索中存在第一性原理，第一性原理是基本的命题和假设，不能被省略和删除，也不能被违反。当我们能够找到问题的本质、第一性原理，就可以从问题的本质出发，更彻底地解决问题。

问题的本质即是症结、矛盾和规律等，还是以工作效率为例，当我们能提出一系列问题并给出正确合理的答案后，也就真正地解决了问题、实现了创新。

比如：

为什么要提高工作效率？因为总是无法正常按照计划完成工作。

为什么完不成工作？因为常有突发事件打乱原有计划。

为什么常有突发事件？因为没有制定应对突发事件的措施。

一连串的问题，会将本质直接凸显出来，也就让我们可以提前做好准备，这样在出现突发事件时，就可以更从容地应对了。

破，就是立足于本质问题，找到对应的“本质解”，也就是更具体地针对“没有制定应对突发事件的措施”这一问题，结合自身实际情况给出具体的解决方案。综合来看，这个问题的本质解便是“如何通过降低突发事件来减少对工作计划的影响”。

立，就是解决问题。立足于本质解，进行结构化拆解，形成可以实施的系列策略。还是以“如何通过降低突发事件来减少对工作计划的影响”为例，不妨从内外两方面入手解决。内，即是工作计划的安排问题，比如是否因为自己的工作计划安排过满才导致突发事件频发？一旦突发事件是有价值的，就应当为它们预留一定的时间。外，即是依托于团队沟通和建设，除了必须由“我”亲自解决的事情外，其他突发事件都应通过与团队成员的沟通更妥善地解决，以确保“我”的工作不被打扰。

灵活地解决问题永远是最省力、最高效的办法，也是所有优秀员工都应掌握的一种创新技法。世界是充满变化的，所以解决问题的方式方法也应该多种多样。人生没有死胡同，工作也是如此，每一名员工都要学会改变自己的思路和思维，这样才能绕过重重障碍，开辟一片新天地！

6. 巧用联想：实现从“0”到“1”的跃迁

从某个角度来说，创新也是一种从无到有、从0到1的过程，虽然它并非绝对意义上的“创造”——即便存在少量的不能产生实际价值的创造，但我们并不能否认它的革新性。因而，我们依然要立足于自己的岗位，以变革为动力，推动一切形式的创新。

在各种创新思维中，联想也是不可或缺的一个重要形式，这种思维方式要求我们能够通过某一事件联想到另一些事件。正如爱迪生所说：“在发明道路上，如果想有所成就，就要看我们是否有对各种思路进行联想和组合的能力。”这种联想和组合，便能达到“从0到1”的效果。

老刘是有名的水果大王，特别是他栽种的高原苹果色泽红润，口感爽脆，十分鲜甜，一度出现供不应求的盛况。

这一年，天降冰雹，即将采摘的苹果几乎都成了“花脸猫”，这对果农来说真是一场巨大的灾难。眼见“伤痕累累”的苹果滞销了，老刘有些郁闷，他也知道如果不能按期交货，就要按照合同进行赔偿。不过，他很快收拾好情绪，积极地寻找解决办法。

很快，他打出一则广告，并张贴到大街小巷。广告词是这样的：亲爱的顾客们，不知道你们是否留心观察了？我们的“脸上”布满一道道伤疤，这是上天赐给我们高原苹果的吻痕——高原常有冰雹光临，也只有高原苹果才有天底下最美的吻痕。味美香甜是我们独特的风味，所以请牢记我们的正宗商标——伤疤！

老刘巧妙地让苹果“说话”了，让它们为自己发声。他借助联想，把苹果的伤疤说成是上天赐予的吻痕，无疑是十分贴切的。而后，他的水果订单又慢慢地恢复如初。

冰雹对苹果造成的伤害，让老刘“脑洞大开”，他从苹果表面的斑斑伤痕联想到“吻痕”，并把它说成是“上天的恩赐”，可谓神来之笔。这种联想，等于是把原本的“死胡同”撬开了一丝缝隙，随之“创新的阳光”便顺利地照射进来。

员工在实现岗位创新的过程中，巧用联想就等于有了催化剂和导火索，由此便会很自然地产生许多奇妙且独特的新观念、好创意。从古至今，人们常常会在有意无意间通过各种联想，创造出各种工具和方法，从而推动了整个社会的进步。联想思维将人们引导到创新的层面，所以，无论身处哪个领域、何种岗位，激发创造性的联想，提升联想能力，都会有助于我们更有创造性地去工作。

联想是打开心底深处创新宝藏之门的金钥匙，当我们的思维受到外界的恰当刺激，就会激活创新细胞，而要想成功完成这种激活，就要事先掌握联想触发创新的机制，换句话说，只有先了解不同类型的联想，才能学会在特定环境下如何调取深藏内心的创新因子。

第一，类似联想。

这更像是把握同类事物之间的联系，比如看到蜻蜓联想到飞机，因为它们都有“飞”的属性；看到火柴联想到灯泡，因为它们都可以“发光”。这种联想对人脑中的同一刺激物或相似的环境、经验等提出了要求，毕竟对日常事物没有足够认知的孩童是不可能产生上述联想的。因而，在日常工作中，要多学多思，建立起自己的“联想系统”。

第二，对比联想。

这是对性质或特点截然相反的事物的联想。比如大与小、高与低、长与短，或者看到白色联想到黑色，看到滚烫的开水联想到冷却的凉水等。对比联想在工作中更趋同于“反向思维”（反向思考），要求我们在工作中不止看到某一事件的一个面。

第三，接近联想。

这一类型的联想是指个体同时或先后经历两件事，也可以是某种刺激或感觉，从而从这两种状态中形成联想思维。比如上午十一点半左右，人们通常会联想到吃午饭，看到短跑运动员，会联想到裁判、起跑线、发令枪，甚至人声鼎沸的观众席。我们在工作中也常会下意识地产生这种联想，比如我们手中有某个关于牛奶的广告策划案，就会不知不觉地在看到自己的水杯或他人的背包上的图案、文字时想到盛装牛奶的器物或广告词，常用这种联想，也会让我们更具创新思维。

第四，因果联想。

顾名思义，这种联想是因事物之间的因果关系而形成的联想。比如看到大雨联想到防洪或者打伞，看到鸡想到蛋等。在很多科学发现中，有大量源于因果联想的案例，比如“水泥肥”的发明就来自于一些水泥偶然洒落在了一片甘蔗地上，后来发现水泥中的硅酸钙改善了这片土壤的酸性，继而提高了甘蔗的产量，由此创造出了“水泥肥”。

第五，强制联想。

这是一种将初看之下没有关联的事物“强制性”地组合在一起，从而激发创意的联想类型。活动电影机便是在这种联想下诞生的。电影和缝纫机看上去很难产生关联，但正是因为发明者看到缝纫机在缝纫时一上一下的压脚动作，才联想到影片的间歇运动也可以采用这样的方式解决。由此，第一台活动电影机正式问世。

第六，离奇联想。

这是一种通过某些怪异、不合理的思路衍生而出的创意联想。这种联想与强制联想有相通之处，即是把两件风马牛不相及的事物结合起来，但相比之下离奇联想更为独特。比如高压水挖藕技术，它源于在池塘挖藕的一名工人所放的“屁”，之后一名同伴说：“要是把这个响屁朝着池塘底放两三个，想必泥里的藕都会吓得蹦出来。”他的话让另一名工人灵光一现，他想到的是：如果用导管将压缩空气输送到池底再释放，会有什么效果呢？最终，这项技术成功问世。

第七，质疑联想。

显而易见，质疑便是对旧事物和旧理论发出疑问，在这个过程中便会产生新事物和新构想。我们在工作中采用质疑联想，就有必要对每一个细节都抱持怀疑精神，这会让我们在脑海中画出更多的“问号”，这些“问号”便是创新的诱因。

巧用联想形同于“无中生有”，这要求我们必须全身心投入其中，寻找一切创新的可能。

很多年前，一家手机公司的一名负责开发的主管在电视上看到，大多数女高中生的包里总少不了三样东西：手机、一次性相机和袖珍耳机。此后，她在乘坐公共交通工具时，又看到不少女生不会看向窗外，只会不停地使用手机发送信息。

从她们书包里的物品到发信息的场景，这位主管很快展开联想，她觉得在手机上安装一个摄像头，让人们可以随时拍摄下让自己感动的情景，那绝对会让人感到快乐。甚至于可以在任何场景下拍摄自己，发送给亲朋好友。

主管马上把自己的想法上报给公司领导，领导也觉得这是个非凡的创意，于是立即实施，该公司也率先推出了可以拍照的手机，从此便一发不可收拾。

的确如此，她只是简单地把手机与摄像头组合在了一起，但却成功地实现了“从0到1”的跃迁。归根结底，是她展开了充分的联想，把看似简单的事物通过合理的组合，变成了非凡的创意。

联想思维是创新思维的重要表现形式之一，它成功地打开了沉睡在我们大脑深处的记忆，让我们在外界不同场景、因素和对象的刺激下一次次地进行有计划、有方向的创造发明活动，也由此让我们的人生充满了无限可能。

第四章

掌握创新心法——突破认知局限才有更大的世界

创新最有用的知识是关于方法的知识。一位哲人说，方法是任何事物所不能抗拒的、最高的、无限的力量。任何问题都有解答的方法，就看我们是否能够突破思维和认知局限，掌握创新方法，正所谓“只要思想不滑坡，方法总比问题多”。

1. 心法一：整合资源，一切为创新服务

有人说，领导者就是整合者，要想把企业做大做强，就要善于整合各种资源为己所用，这几乎是最快也是最省力的通往成功的路径。美国一位经济学家提出了这样一个观点：整合即创新。

的确如此，我们所欠缺的一切，其实身边早已具备，只是我们还不善于整合，无法将那些最有价值的元素集中起来，为己所用。创造资源既难又慢，但整合资源却既容易又快捷。人类社会发展至今，任何成功都离不开对资源的开发、组织和使用，总结起来便是“整合”二字。当我们学会了整合，也就能够做到把最具优势的部分集中起来，成为一种新构想。

一家理发店开业了，老板的朋友送来了一部即时显像照相机。表面来看，照相机和理发店似乎没有太直接的关联，不过老板很善于整合资源，他十分感激朋友送来的礼物。为了更好地利用这部照相机，并与理发店完美地结合起来，他想出了一个方案：理发店会专门为每一名顾客设计发型，之后会给顾客拍摄两张照片，一张用于存档，一张直接送给顾客。

顾客拿到自己的照片后，大多会仔细观看，并研究什么样的发型更适合自己。而店里留存的那张照片，也成了理发师的参考资料，他们会提前为顾客设计几款发型，等顾客下次再来时让他们挑选。通过这种有效的“整合”，理发店的生意变得越来越好。

整合资源是一件毫不费力的活计，因为它不需要你绞尽脑汁地想设计、出方案，也不像生产能力、营销队伍那样需要投入巨大的成本，它更像是我们偶然间的“神来一笔”，即把身边闲置的资源“二次变现”。它依靠的是我们的智慧和办法，而这种方式也会最大限度地为企业带去更大的价值和能量。

合理地将资源进行有效配置，不会耗费我们更大的精力、更多的时间，它几乎可以实现“零成本创新”，但却会带来不可估量的收益。在对现有的资源进行合理整合之后，产品有了，市场有了，消费者也有了，如何将它们之间有效串联起来，便是创新的关键。

同济大学经济与管理学院副院长朱岩梅认为，从工业史的发展来看，绝大多数创新都不是突破性的，而是渐进的。所谓“微创新”，其重要的意义在于告诉大众，创新在大多数情况下并非是突破性的、革命性的，创新的本质就是渐进性、累积性的。渐进和累计，就是在资源随着时间的推移叠加到一定程度后，巧妙地实现科学配比，从而产生“化学效应”。

整合资源所实现的创新，更像是把在此处价值不高的东西放在彼处，从而产生更高的价值的过程。似乎有点类似“物以稀为贵”，在甲地不起眼的商品送到乙地，价格忽然水涨船高起来。但它又不是单纯地“物理性转移”，即不是直接把 A 放在 B 处。而是在放置之前或在放置的过程中，再次赋予 A 新的价值，这份价值让原本闲置的资源“燃烧”了起来。

20 世纪 90 年代，有两名邮递员在街边看到一个小男孩手中拿着一个闪着绿色光芒的荧光棒。这是再普通不过的小物件，但两个人却起了“童心”，也跟小男孩一起玩了起来。

它还有什么用处呢？这时他们看到小男孩手中还有一个棒棒糖，于是尝试着把棒棒糖挂在荧光棒的顶端，却突然看到荧光棒那道绿色的光鲜穿过半透明的棒棒糖，呈现出一种特别的色彩。

这个景象让他们觉得十分有趣，两人你一言我一语，讨论着是否能做一个发光的棒棒糖，没准会打开一个新的市场。很快，他们把这个“创意”出售给一家糖果公司，糖果公司生产的发光糖果一经上市，就得到了市场的利好反馈。

两名邮递员尝到了“甜头”后，继续朝着这样的方向去想。他们边吃糖果边想，也随即发现了一个问题：发光糖果虽然热销，可吃起来很花力气——常常是没吃完糖果，两腮就已经累得发酸了。能不能解决这个问题呢？

顺着这个思路，他们想到的是在糖果下面安装一个小马达，这样就可以旋转着吃，又好玩又省力，一箭双雕。让人意想不到的是，这个小小物件在很短的时间内便售卖出6000万个，两个邮递员也因此赚了大钱。

再老旧的历史经验也可能会成为今天我们实现创新的诱因，因为创新所需要的智慧和思维历久弥新，从不过时。

物与物、事与事之间始终充满着千丝万缕的联系，即便表面来看，它们之间相隔十万八千里，但实际上，经过一次或几次的转化，再没有关联的物和事也可能会产生紧密的联系。我们在工作中要习惯性地把身边的事物联系起来，找出它们之间存在的异同，往往相异之处正是需要我们调动一切力量，把它变成与其他事物产生关联的关键所在。

那么，在具体的工作中，怎么实现合理的资源整合呢？

第一，培养整合资源的意识。拥有整合资源的意识至关重要，不少员工在进入一个新岗位后，会马上全身心投入其中，脚踏实地，只管耕耘，甚至加班加点者大有人在，然而在月末、季度末或年末进行绩效评估时，结果却并不让人惊喜。归根结底，就在于他们没有整合资源的意识，做事不讲求方法和策略，不善于把各种资源集中起来攻克难题，这又如何能实现创新呢？

第二，分析现有资源。所谓“知己知彼，百战百胜”，进入工作岗位后，要明确自己所拥有及可支配的资源现状，分析这些资源是否足以支持自己达成既定目标。当资源稀缺时，要及时向上级领导反馈，或积极向同事寻求资源协助。有道是“巧妇难为无米之炊”，如果连资源都没有，又何谈整合，何谈创新呢？

第三，整合内外资源。这更像是一种虚心学习的姿态，即想调动所处环境中的资源为己所用之前，要先如实地说明自身情况，并与上级、同事及相关部门建立起友好互助的关系，以获得他人的理解和信赖。而在面对外部资源时，就要善于利用内部已经整合完毕的资源，形成自己的资源链，为接下来各种形式的创新做好先期准备。

第四，资源共享。资源从来不应该独属于某个人，我们在工作中也要养成资源共享的习惯，把自己的资源分享出去，把其他同事和渠道的资源集结起来，做到“你中有我、我中有你”，跳出自己的小天地，互通有无、互利互惠，这样才会在发挥资源价值最大化的同时实现创新。

第五，重视积累。正所谓“未雨绸缪”，在日常生活和工作中，要重视资源的收集和储备，这样在关键时刻才能“拿来即用”。资源的积累需要一个长期的过程，并非一蹴而就，所以在制订了自己的“创新计划表”之后，要有的放矢地积累资源。

第六，优化资源配置。这一步好似“游戏关卡”中的最后一关，也是真正实现创新的关键。当我们具备了整合资源意识，并能积累资源，就要对它们进行合理配置，达到 1+1>2 的效果。

不管以何种方式整合资源，或整合何种资源，都是创新服务，当我们在工作中学会并善于把种种资源联系起来为己所用时，也就能够轻松地实现“零成本创新”。值得一提的是，整合资源如同是把世界上现有的好东西进行最完美的组合，因而有必要了解这种组合的内驱动——即我们为什么创新，考虑清楚这一点，我们在整合资源上也就会更有步骤、更加明确。

2. 心法二：反向思考，跳出大众的逻辑

知名心理学家指出：创新思维主要有两种，一种是具有独特才能的创新思维，一种是通过自我改变而获得的创造性思维。前者针对的是具有天赋的科学家和艺术家，后者针对的则是普罗大众。

在大部分企业中，多数通过创新为企业创造巨大价值的员工往往不具备更高的天赋，甚至业务能力也不算出众，他们之所以能够成功创新，就在于激发出了自己的创新思维，敢于打破常规，跳出大众的思维逻辑限制，从而开辟出另一片天地。

一个总在原地打转的员工，自然是不思进取、不求改变的人，这样的人也很难拥有创新的思想，自然不会有更大的发展，成功也自然与他无缘。相反，善于创新的员工思维活跃，思路敏捷，常常能洞悉周围的变化，并能主动剔除头脑中的“从众思维”，继而迅速抓住机遇，创造非凡的业绩。

程军荣是一名只有初中文化的车工，经过多年的历练，已成长为全国技术能手，他通过自学拿到了本科学历，还获得了高级技师职称，是全国劳动模范、全国五一劳动奖章获得者……

当初刚进入工厂时，觉得自身文化过低的程军荣不断向身边的每一位师傅请教，他白天上班，晚上读夜校，甚至还借钱学习数控技术。他很喜欢钻研技术，凭借着自己对工作的热爱和肯吃苦的劲头，他在南京市的一场技能比武中获得了第二名，之后在全省职工职业技能大赛中获得第一名。27 岁那年，他成了厂里最年轻的高级技师。

程军荣喜欢钻研技术，也善于创新，更善于通过反向思考解决棘手的难题。有一年，厂里接到了一项艰巨的任务——改造某型飞机的电子干扰吊舱中的水箱冷却部件，当时厂里已经成立了“程军荣劳模创新工作室”，所以这项艰巨的任务便落在了程军荣及其工作室成员的肩膀上。

在改造过程中，按照常规方法加工焊接时，水箱上的一些薄壁管状弯形零件总是断裂。程军荣和工作室成员开始采用逆向思考，决定通过制作挤压膜，将纯拉伸弯形变为挤压加拉伸弯形进行加工，经过近一个月的反复试验，创造出“挤压弯管法”，突破了薄壁铝管的弯形极限，开创了金属弯形的新工艺。这种新工艺不但成功改造出符合要求的冷却部件，还获得了 2 个发明专利和 1 个实用新型专利。

显而易见，程军荣与工作室成员走出了“大众的逻辑”，采取逆向思维成功实现了创新。

大众的逻辑常常可以保证人们“不出错”，它更像是一种锦上添花，然而要想创造出非凡的成绩，就必须主动跳出这样的框架，摆脱呆板、守旧的思维习惯，要敢想敢干。我们在现实中也可以发现，创新型员工不同于普通员工的关键点，就在于他们总是能够突破发展过程中的种种障碍。那么，想要跳出大众的逻辑，是否有更具体的办法呢？

方式一：不要随大流，凡事要有自己的主见。

方式二：对凡事都保持怀疑的态度，学会从多角度观察和评价事物，抓住一切稍纵即逝的点子。

方式三：把创新想法付诸行动。这一点最重要，纵然你有千百个想法，却没有尝试把任何一个落到实处，也只能算是幻想，停留在空谈阶段。

大部分人针对一个问题的思考方式都是直线型的，所以“大众的逻辑”也由此产生，因为大家都是这样想、这样做的，也就无所谓“创新”，于是人们便自己束缚了自己的手脚，从不求新求变。从小的方面看，个人职业生涯会遭遇瓶颈；从大的方面看，会造成资源的浪费和社会的退步。

试想，如果人人都裹足不前，不敢打破常规，努力创新，又怎么会有整个人类社会日新月异的发展呢？

“刘磊劳模和工匠人才创新工作室”，是以刘磊的名字命名的一个集多条线优秀员工构建成的攻关工作室。刘磊本人也成为中国工商银行“五一劳动奖章”获得者。他始终致力于创新，侧重于解决客户痛点，提升客户全旅程体验。

当辖区竞争越发激烈时，刘磊带领工作室的成员不断积累专业知识、改进工作方法，打破常规，甚至一次次突破以往制定的规则，不囿于以前取得的成绩，牢牢抓住北京自贸区建设的种种机遇，成功打造出CBD自贸区个人金融服务特色名片、CBD区域私人银行特色名片。

为了应对多变的挑战，刘磊工作室还创新性地提出了“六心原则”——诚心、责任心、细心、耐心、信心、上进心，以更好地服务客户。而为了培养更多的“刘磊”，重视“人才兴业”的刘磊工作室积极开展“传帮带”工作，锻炼青年员工独立分析问题、解决问题的能力。

如今，刘磊工作室的青年员工已经在改革创新中发挥出了巨大的带头作用，成功地促使“工匠精神”代代相传。

而今，出现了越来越多以劳模或优秀个人名字命名的“创新工作室”，它们的存在恰恰证明了任何人都有可能实现创新、成为创新能手的机会，只要“立足于改、着眼于新、致力于本”，不被经验和传统束缚，就会有突破、有发展。

创新，意味着我们不能仅凭直觉做决定，依赖直觉会让我们在不知不觉间陷入思维陷阱之中。而这正是大多数人对外界刺激时的自然反应，即上文提到的“大众的逻辑”，因而，我们不妨简单粗暴地把创新理解为“有违常理”。当我们的想法与大众的想法格格不入时，或许就是我们可以实现创新的最佳时机。

“黔驴技穷”的成语也告诉我们，一味地依靠以前成功的经验，最终必定会因此丧命。老虎正因为识破了驴子用叫声吓退它的办法，才会反客为主。因此，太过看重过往经验会让我们错过更好、更新的方法。有鉴于此，我们可以从以下三方面入手，尝试逆转思路，跳出框架。

第一，努力工作，不断发现新问题。发现新问题的基础是努力工作，只有全身心地投入工作之中，更多地接触问题、分析问题、思考问题，才能最终发现困扰自己的问题到底是什么。我们可以把这些问题归类、汇总，有针对性地思考并提出可行性解决方案，因为独立思考的过程会让我们产生更多创新性的想法。

第二，把工作与生活连在一起。吉列公司创始人金坎普·吉列曾这样鼓励自己的员工：“我希望大家都能够以饱满的激情来对待自己的生活，生活中的每处都具有它特殊的意义，我们的思维和灵感也是来源于生活。”

很多人愿意把工作和生活划分得“泾渭分明”，如果说这是常理，是“大众的逻辑”的话，那么我们要做的则是解放思想、挣脱束缚，把工作中的问题带入生活的细枝末节之中，又或者在生活的点点滴滴中寻找与工作相通的共鸣点。要想成为一个具有创造性思维的人，务必要深入生活、勤于思考，这是帮助我们打破常规，找到创新灵感的一个关键。

第三，读更多的书。我们从各种各样的书籍中会获得更多样化的知识，读的书越多，我们的知识面和视野越宽，思维能力就越强，对于同一问题的思考角度就会越多样。如果我们想改变一成不变的工作模式，就必须不断积累知识，更新自己对一切事物的固有认知。

3. 心法三：出其不意，想的不同才能做的不同

“横看成岭侧成峰，远近高低各不同”，这两句诗道出了不同的角度会让同一个事物呈现出不同的样子。同理，在工作中面对同一个问题，如果我们懂得转变思路，调换角度，就会看到它不为人知的一面。

创新要求我们拥有不同的视角，这样才能走出思维的“死胡同”，开辟出一片新的沃土。

有一家酒店的顾客发现，在骄阳似火的六月天里，店里水管流出的水也是热的，顾客很好奇，心想难道外面的太阳把室内的水管也晒热了吗？于是他找到大堂经理，经了解得知，这是酒店工程部的员工在炎炎夏日里刚完成不久的一项“余热再利用”工程。

水管中的热水并不是太阳晒热的，而是热能的二次利用。具体做法是：把酒店供应洗衣房产生的多余热能转化为热水，接通到管道上，然后输送到每一个房间里。

这家酒店因为为顾客提供18小时的洗衣服务，所以酒店锅炉始终处于燃烧状态，导致大量热能流失。在没有想到这一创新之举之前，工程部的主管小徐便一早发现了这种“隐形浪费”，所以他开始思考怎么才能解决这一问题。

最终，他出人意料地想到了这个办法，不但更彻底地利用了多余的热能，还让酒店可以一年四季都供应热水，并且不必因此增加成本。于是，小徐顺理成章地获得了当季度的优秀员工奖，也为自己的晋升增加了砝码。

每个岗位都有各种各样的创新机遇，全赖于员工自身是否能拓展思路，想到与众不同的创新点。这些创新点往往并不是“高精尖”的，它只是隐藏在不易被察觉的地方，甚至就在我们的眼皮底下，只等待被有心人发现。

留心工作中的点点滴滴，以往被我们忽视的风景就会赫然出现在眼前。正如罗丹所说，换个角度看问题，生命会展现出另一种美。生活中不是缺少美，而是缺少发现。从创新的层面来看，角度的变化代表着想法的转变，而只有想得不同才能做得不同。不同的想法正是培育创新最适合的土壤。

创新重在一个“新”字，而与出其不意结合起来，则突出一个“奇”字。现如今，“创新”几乎已经成为所有企业奉行的“金科玉律”，要想在激烈的竞争中跑得更快，单凭创新或许已经没办法独占鳌头，因为大家都在创新，所以出其不意，以“奇”制胜，就成为企业在竞争中是否能占有一席之地的关键点。

从员工的角度看也是如此。99%的创新都是延续性创新，所以那些更“努力”的人或许会在创新之路上越走越远。要想快步赶上他们，就必须以“奇”为切入点，真正想点不同的，才能一骑绝尘。

有一家餐厅的生意非常不好，但因为地处闹市区，还能勉强维持，不至于倒闭。老板终日忧心忡忡，绞尽脑汁也想不到走出困境的办法。为了摆脱现状，他便打出一则招聘广告，高薪诚聘能够改善餐厅经营状况的能人。

在接下来的一个月时间里，有很多自诩为“高手”“能人”的应聘者前来献计献策，但没有一个让老板满意。

这一天，有一个年轻人跑来应聘，他说出了自己的创意后，马上得到了老板的认可。两个月后，在当地出现了一个空前的盛况：一家餐厅有一些非常“特别”的服务员——鹦鹉、猴子和犬。每当客人走进餐厅，几只鹦鹉便争先恐后地向客人问好，说出几句简单的问候语，而且会采用不同的“方言”。紧接着，一只身着艳丽衣衫的金毛猴会优雅地走上前来，很礼貌地把客人的衣服和帽子存放在衣柜中，并把客人带到指定的座位。

客人坐定后，一只可爱的长耳犬便叼着菜单跑到客人面前让客人点菜。等上菜时，客人会看到一些腰系围裙的长毛猴，一丝不苟地为客人端上食物和饮料。

客人用餐完毕后，金毛猴就会及时地为客人取回衣帽。与此同时，客人会看到它手里端着的一个托盘——它是在向客人索要“小费”。这一系列场景，都会把客人逗得哈哈大笑。事实上，这些“服务员”都是经过精心饲养和专门训练的，它们的行为举止几乎与人无异。一时间，这家餐厅在周边成了一个标志，很多人来这里都是为了体验那群特别的“服务员”的服务。

独特的想法会产生独特的举动，随之便会带来非同一般的结果。那名应聘服务员的年轻人，正是出其不意，采用了“新奇特”的方式才让这家餐厅“起死回生”。

《史记·田单列传》中云，兵以正合以奇胜，善之者出奇无穷，奇正还相生，如环之无端。这段话的意思是，两军交锋之时要以正兵当敌，以奇兵制胜。一个善于用兵的将领，自然也是个善于以奇制胜的人。古代历史上很多以少胜多的案例，无一不是以奇制胜的。

从创新的角度看，“奇”正是得益于一个人想到了不同的点，所以在解决问题上才有了不同的方式，此正是出其不意、出奇制胜。

在岗位上，员工要以“奇”为创新之本，要意识到创新是一切实践活动永恒的主题，所以在工作中要努力寻求差异，开辟新境。

要想做到独辟蹊径、以奇制胜，首先要不断地更新思想，改变认知，无论思想还是行为都应跳出旧的框架和逻辑，不向任何权威低头、不向任何压力妥协。其次，要具备适当的冒险精神。当然，急躁冒进不是冒险，而是莽撞。在创新层面的冒险，更多的是指锐意进取，拓展思路，以奇特的冒险理念指导实践，最终以智取胜。

创新层面的“奇”绝不是胡思乱想、信马由缰，没有依托地乱想一通，没有根据的想象只是胡编乱造，也无法实现真正的创新。出其不意，大胆创新，是以现实为基点，立足于实践，让创意具备可行性，只有能够“变现”的创新才是最有意义和最具现实价值的创新。

总而言之，我们在工作中要善于创造“差异优势”，设法让自己在团队中脱颖而出，展现出自己与众不同的一面，这会为我们赢得持续的职业竞争优势。

4. 心法四：多措并举，研习“创新术”

创新的方法多种多样，不一而足，我们在工作中，要多渠道学习和研究创新技法，以促进创新。

“和田十二法”，又叫“和田创新法则”（和田创新十二法），是中国学者许立言、张福奎在奥斯本稽核问题表基础上，依托于其基本原理所创造出的一种思维技法。这一案创新方法既继承了奥斯本稽核问题表法，又是一种创新方法。

和田十二法也可以叫作“十二种聪明办法”，具体如下。

（1）加一加

即把一件物品加大、加高、加宽、加厚等，或是增加一些功能，总之就是从尺寸、形态和功能等方面入手，进行二次创造。比如收录机的喇叭若加大一些，再把电唱机的功能加进去，就会变成音响设备；海尔冰箱因为加上了电脑桌的功能，所以在美国大受欢迎；鞋子里加了增高鞋垫，或是直接把鞋底增高，便会开拓出另一块市场；一家文具公司在文具盒中安装了电子表、温度计，还把它设计成了变形金刚的样式，在市场上大受欢迎。

（2）减一减

减一减与加一加恰好相反，就是把物品变得更轻、更小、更低、更短、更窄、更薄，等等。比如电子元件变成集成块；更小的移动硬盘；

普通眼镜被减掉框架、减掉镜片，变成贴在眼球上的隐形眼镜或角膜塑形镜，造价更高了，但销量却不降反升，而且对特殊的近视群体也更为友好；减轻建筑材料的重量，制作成强度更高的轻型材料。

（3）扩一扩

即是把物品适当扩大一些，变宽一些等，这会让物品的功能发生显著的变化。不管是手机内存还是电脑内存，扩充之后总会卖得更贵；电影荧幕经过加宽，会带来更好的观影体验；普通电视经过扩大，就变成了投影电视；单人沙发也可以扩大变成双人沙发、三人沙发、多人沙发等；一些新技术发明和创造问世之后，就可以逐渐扩展到其他领域，比如激光技术便可以广泛应用在机械加工、医学治疗以及测量等领域；海尔冰箱在销往国外的发展中国家时，发现当地居民习惯性地把冰箱当成室内的大件装饰品，并摆放在显眼的位置，因此海尔有针对性地扩充了冰箱的体积和容量，随之进一步提升了销量。

（4）缩一缩

缩一缩与扩一扩恰好相反，旨在把物体的体积变得更小，长度也缩短一些。比如伞柄由于一节变成两三节，更便于收纳和携带；篮球架制作成可升降式，既能满足成人的使用，也可以给小学生使用；蒙牛曾创新出一种闪蒸工艺，便可以缩掉一部分水分，从而让牛奶的口味更加醇香；此外还有压缩饼干、袖珍雨衣、袖珍收音机等。

（5）变一变

变即是从物品的形状、尺寸、颜色、滋味、浓度、密度、顺序、对象、时间和策略等方面入手，带给人一种全新的感觉。

一位老妇人在一所高校举办晚会之前，带着两筐苹果到校门口售卖，但当时正值冬天，天寒地冻，她的生意十分惨淡。一名学生看到这种情景，上前询问了老妇人几句，便到附近的商店买了一些红色彩带和五彩包装纸，他们把苹果两两捆在一起，并高声叫卖："情侣苹果，两元一对!"很快，途经的情侣看到包装鲜艳的苹果都纷纷解囊，没有多久便买光了老妇人的两筐苹果。可见，针对不同的环境恰当地改变策略，就可以有不一样的收获。

(6) 改一改

改即是改进，针对现有的做法提出相应的意见、建议，以便做得更好。改进要从物品的形状、性能和结构等方面入手，由此产生新的形态和功能。比如目前很多产品和技术的更新换代，便是通过这种方法实现的。

改变也可以从缺点入手，使之成为特色，这是一种以退为进。某水果商店突遭大火，一批香蕉的外皮被烤得发黑了，老板见状，心凉了半截。不过他剥开香蕉后发现里面完好无损，尝了一下觉得更好吃了。于是他灵光一现，撒了个善意的谎言，声称这批香蕉是"阿根廷香蕉"，他还特地拿出一部分供顾客免费品尝。结果引得大批顾客到店，有瑕疵的香蕉很快被抢购一空。

(7) 拼一拼

拼即是组合、拼合，指的是将一个物体与其他物体组合起来，这种方法与加一加有共同点，但也有不同之处。拼更侧重于功能和方法的组合、拼合，比如把洗衣机和脱水机拼合起来，就变成了功能更全的双缸洗衣机；大衣橱、梳妆台和杂品柜拼合在一起，就成了组合家具；中国著名的灌县都江堰工程，便是由"鱼嘴"分坝、"飞沙堰"溢洪道和"宝瓶口"引水口这三项工程拼合而成；再如，生活中常见的电动自行车，便是电动车和自行车的拼合品。

(8)学一学

顾名思义，就是通过学习和仿照其他物品，以及对形状、结构、色彩、性能和规格等的模仿来实现新创造。比如，科学家之所以能够发明出潜水艇，是因为研究了鱼类在水中的行动方式；雷达的出现得益于对蝙蝠飞行原理的学习；船体的流线型设计，也是因为人类学习了鲸在海中畅游的形态。可见，通过学习和研究，便能在很多方面实现创新。

(9)代一代

代即是代替，用日常生产和工作中常见、常用的材料实现方法、工具和商品等的代用。比如计算机代替算盘、集装箱代替散装运输、铝合金门窗代替钢化门窗；高速公路出现之后，汽车运输代替了一部分火车运输等。这种代替是对旧的更新，也会由此创造出更多的新材料、新工具和新商品。

(10)搬一搬

搬，更多地发生在工艺技术领域，是把一件物品的某个部件搬动一下，转变成新的物品，并随之具有新功能。比如用于照明的电灯，在搬一搬之后就“变”成了紫外线灭菌灯。电动机可以被搬动到各种机械上，由此产生了多种多样的电器产品——电风扇、电吹风、电动剃须刀等；超声技术被“搬”之后，可以在清洗、测量、溶解和切割等多种器具上得到极大的应用，由此创造出很多新工具。

(11)反一反

反即是反向、逆向的意思，与反向思维、逆向思维类似，通过把已有物品的形状、性质和功能“反一反”，从而实现二次创造。比如原本的皮毛大衣，里外一反并加以裁剪后就变成了翻毛大衣；暖水瓶也可以变成冷藏瓶；吸尘器可以由立式变为卧式，等等。

（12）定一定

定即是规定，规范，是立足于人类社会日常活动规范产生的创造发明新事物的方法。比如药品说明书的服用标准、十字路口的红绿灯等。在遵照这些规定的前提下，可以进行二次创新。

上海市黄浦区昌邑小学科学小组便采用定一定的方法发明了“读写姿势红绿灯”，这一简单的器具能够起到纠正小学生读书写字姿势的效果，既能让学生的读写姿势规范，又能保护视力。

上述十二种创新方法并不局限于某个领域或某些场景，我们在工作中也可以积极开动脑筋，把这些方法恰当合理地融合进去。在工作岗位上的创新，其实并不一定要多么抓人眼球，偶尔能想出改进工作模式、提升效率、节省时间的方法，也一样是有价值的。总之，创新要多种措施并举，才能实现成果最大化。

5. 心法五：降低成本，用更少的资源做更多的事

有一句谚语说，黄金本无种，出自勤俭家。从字面意思来看，一个家庭若足够勤俭，是可以节省出黄金的。这样的说法并不夸张，因为“历览前贤国与家，成由勤俭败由奢”，有太多的事实已经告诉我们，勤俭可以积累财富。

那么，勤俭与创新有什么关系呢？它涉及的是资源分配的问题。简单地说，当我们可以用更少的资源做更多的事情时，便是一种创新。换

句话说，当我们产生了提升效率的意识，随之而来的“节约”便是一种巨大的创新。

梁献是焦化公司自动化运行车间首席技师，主要负责干熄焦设备系统运行工作。在这一系统中，干熄焦锅炉在其中占据着重要地位。特别是其中的除尘器，通过重力除尘原理，可以有效分离循环气体中的大颗粒，减少循环气体对锅炉炉管造成的冲刷和磨损，以达到保护锅炉炉管的目的。

一次除尘器的底部设有灰斗，上面设有料位计，料位计的探头始终处在1000多度的高温封闭环境中，很容易损坏，而且料位计价格不菲，一旦损坏，焦粉会积存于其中，难以正常排出，还会冲刷、磨损炉管。要是采取人工的方式来排粉焦，既麻烦又难以做到精准控制。

怎么办呢？干熄焦操作班的员工十分焦急，觉得要是能发明一种自动定时控制排灰的系统就好了，既能满足生产工艺，又安全可靠，还能减少人工操作。

梁献作为首席技师，自然把这个重担扛在了肩头。他经过一番思考后，决定对系统进行一次改造，在PLC里编制控制定时自动排灰的程序，根据班组的产量来计算每次排灰的时间的方法，来实现自动定时，控制排灰。

说起来简单，但做起来却没那么容易。梁献每天都守在干熄焦旁，一次次地钻研和实践，经过他的不懈努力，终于成功推出了“一种干熄焦一次除尘排灰控制方式”的改造项目。经过半年的运行，炉管的使用寿命得以延长，并极大地节约了设备故障的检查维修费，还提升了生产的精益化程度，创造效益超过100万元。

为了进一步降本增效，他又把“干熄焦提升机位置监测开关替换”这一设备改造创新项目提上了日程，通过这一改造，不但可以精准地检测出提升机吊具位置信号，而且安装方便，节省了检修时间，更节约了备件费用，每次更换可以省下2万元，增益近5万元。

梁献的创新成果得到了公司的肯定和赞赏，立足于岗位创新的他也一直在创新之路上阔步向前。

勤俭节约的理念应该与创新思维无缝衔接，这是很多人忽略的角度，鲜有人会把降低成本和创新联系在一起，但事实已经证明，二者之间会产生微妙的“化学反应”。

这很容易理解，出于降低成本的目的，员工便会想方设法去节约，那么如何才能达成这一目标呢？就要利用更少的资源做更多的事情，或者起码在减少资源的情况下不影响原有的工作进度和所能达到的预期效果。顺着这样的思路，员工就会积极思考，创造性地想到更巧妙的办法来达成目标，这个过程便是降低成本的过程，也自然是创新的过程。

而从创新的角度看降本增效，则更能体现出节俭的意义。人类不断创新就是为了节约成本、提高效率和生活质量，无论是飞机、轮船还是各种电器的发明创造，无一不是为了节约人们更多的时间、精力和资源。沃尔玛的经营理念是“永远比对手节约成本”，而通过节约，便会实现各个方面的微创新。

大部分人都有这样一种认知：当拥有足够的资源和资金时，很多人的创新意识和创新思维都会严重受阻，反而当条件受限时，则会激发无限的创新活力。可见，创新与节俭是一种互相“激发”的关系。因而我们在工作中要主动养成“开源节流”的意识，习惯性地用更少的资源做事，便会逐渐在创新上展现出更多的方面。

宋志强进入互益化工厂之后，勤勤恳恳、兢兢业业，多年来已经熟悉了工厂里的一切，包括废水的产生过程。一次，他对朋友说：“咱们厂里一共有六个盛装乳胶的高位槽，每天起码要清洗两次，但这两次就会产生近4吨废水，而这些废水还要经过沉淀、提炼和焚烧等一系列工序才能排放，这实在太浪费了！”

在粗略地计算了一笔账之后，宋志强十分心疼，他一次次地跟工友们说：“这一年得浪费多少钱啊！”只有初中学历的他，眼见这样的浪费也无能为力，因为他根本搞不懂车间内的各种化学反应、添加配比等专业知识。不过，他并不气馁，他打算想一个“变废为宝”的法子。

为了弥补自身的不足，宋志强疯狂地恶补各类知识，逐渐地拓宽了眼界。此后，每当厂里研发出新产品后，他都会留心观察，并追着工程师刨根问底。时间一长，他开始把书本的知识与实践相互结合起来了，懂的也更多了。

至于如何回收化学废水，这对他仍然是个大难题。当时可以借鉴的经验少之又少，他索性自己做起了实验，收集废水、过滤沉淀，并按一定的比例合成产品。在做实验的过程中，他意识到如何进行防腐处理是个更大的难题。于是，他找到工厂供应商，让他们帮忙解决了杀菌和防腐的问题。而后，当他解决了一个个回收过程中的难点后，便直接拿着测量数据和废水回收技术报告找到厂里的领导，表明了自己的意思，并说：“废水内有5%~11%的固含量都是原料，这些都是真金白银，我想到了一个办法可以把它们进行回收，可以吗？”

领导听后万分欣喜，当即点头同意。宋志强马上带领工人购买了储水罐、秤和管道等设备，花费近10万元。一个月后，他的这套废水回收系统正式投入使用。

一年之后，宋志强交上了一份满意的成绩单——他的这套简单的系统不但节约了处理废水的费用和一部分水资源，更直接为企业节省了100万元的原料款。

宋志强凭借着节约意识实现了创新，也进一步拓宽了自己的职场路。废水排放浪费资金，这应当是厂内大部分员工都心知肚明的，不过为什么只有宋志强一个人想要以此入手，开发新系统？因为他心系企业，心系创新，希望用更少的资源实现利益最大化。这样的员工，自然会在自己的岗位上做出更多突出成绩，也会由此为企业创造巨大的价值。

6. 心法六：善借他势，从头脑风暴到“六顶帽子”

在创新上，掌握多种方法十分重要也极为必要。创新不只是灵感的迸发，偶尔的灵光乍现的确能为我们的创新赋能，但灵感只能作为创新方式的补充，因而采取科学且行之有效的创新方法依然必不可少。

在太极拳的技击技法中，有一个名为“借力打力”的重要原则，即巧借他人的力量为己所用，从而对对方实施打击，也可以理解为“借势”，即借助更精巧的方法或资源。从创新的角度看，我们在工作中也要善借他势，用多种创新方法改进工作模式和流程。

“头脑风暴”是一种行之有效的创新方法。这一词最早应用于精神病理学范畴，是指精神病患者的精神错乱状态，而今转变为自由联想和讨论之意，根本目的在于促发新观念、产生创新设想。

我们在工作中常常会提到“头脑风暴”，大家围坐在一起针对一个问题或提案进行讨论，自由发表意见，最终整合意见，衍生出一个新方案。但在运用这一创新方法之前，要明确以下几个注意事项。

其一，不妄评、不自谦。当同事提出的想法过于荒诞，甚至如空中楼阁一般时，也不要妄下评论。诸如“这个想法行不通”“你的想法太陈旧了”等都会极大地打消同事的积极性。同时，也不要随随便便自我批评，要自由且自然地融入集体探讨之中。

其二，集中目标。这里的目标可以分为两层意思，一个是针对会议上的提案，一个是员工对于同一提案的设想数量。简单地说，员工所提出的任何设想都要为集中的提案服务，切记偏题、跑题；再则，要主动提出更多角度的设想，在会议结束后要有一定的数量。

其三，及时鼓励。当别人提出某一设想时，及时且恰当地给予鼓励会令其心情愉悦、放松，继而会提出更好的设想。同时，参会人员也要从他人的设想中激励自己，并得到启示，还可以通过补充他人的设想获得新的设想。

其四，人人平等。“头脑风暴”大多是全员参与，或者某一部门的全体人员会议，所以会上可能有专家或领导，但此时要一视同仁，人人平等，要认真地看待每个人提出的构想，不能因为对方是领导，便盲目地赞同他的提议，因对方是员工而轻易否定。我们的目的是通过这种集体的探讨激发自己的创新力，至于提出构想的对象是谁，则无关紧要。

其五，独立思考。虽然“头脑风暴”是集体参与的活动，但思考却是自己的。在自己的想法没有成型之前，切勿与他人私下交谈，以免对他人的思维造成干扰，也不利于自己思考脉络的延续。

其六，自由发言。人在无拘无束的情况下会有更发散的思维，此时的想法也会更为独特，偶尔会在场景的刺激下超常发挥，提出绝妙的点子。因而，参与“头脑风暴”的人员都要卸下心理防备，随意思考、任意想象，在这种时候，越是天马行空，越可能出新出奇。

有一家蛋糕厂为了提升核桃仁的完整率，特地针对“怎么能让核桃裂开且不破碎”这一问题开展了一次小范围的头脑风暴会议，在会议上，大家七嘴八舌，一共提出了近百个点子，可是仔细思考之后，发现每个点子都没有更实用的价值，不是无法实现，就是效率太低。

这时，又有一个员工提出了一个新点子：为什么不培育一个新品种呢？让这个新品种在成熟时自动裂开就行了。乍看之下，这个点子也不太现实，不过其他员工还是顺着他的思路继续往下想。结果，他们想到了一个完美的解决方案：在核桃的外壳钻一个小孔，在里面注入空气，然后凭借核桃的内部压力就可以让核桃自己裂开了。

这的确是个完美的点子，而它的诞生也正得益于“头脑风暴”。

从某一层面来看，“头脑风暴”是最能磨砺人的思维能力的一种方式。在岗位创新中，我们也可以时不时地给自己做做“头脑风暴”，也就是说，我们要从主观上刻意训练自己的思维，比如选择某一对象或事物来进行“头脑风暴”，并为自己设定一个目标，要求自己必须产生 20—30 个想法。在这个过程中，我们只需要把这些想法一一记录，不必急于过滤，即便它们看起来荒诞且无法实现。经过这样的训练，我们会形成一种创新的思考习惯，也就更容易在岗位上实现创新，做出成绩了。

在“借势”创新上，除了“头脑风暴”法，还有一种叫作“六顶思考帽”的创新技法。它是一种较为全面的思考问题的模型，像是为我们的思维提供了一个“平行宇宙”，避免了时间和精力的无意义消耗。那么，什么是六顶思考帽呢？

所谓的六顶思考帽，即是用六种不同的颜色代表六种不同的思维模式。

白帽子：表示信息和质询。它所寻求的是单纯的事实和数据的一种便捷方式，我们应以中立且客观的方式来提出它们，无须解释，只要尊重事实即可。“白帽子”适合探寻新想法、抵消消极面或是应对重大变化等。

红帽子：表示情绪、直觉以及建立在直觉之上的想法。它同样不需要解释或给予任何理由及依据，因为它表现的是情绪、感觉和非理性方面的，与“白帽子”恰好“对立”。“红帽子”适合探索隐藏在内心深处的情绪、对决策进行投票或是预测一种想法是否可以被接受。

黑帽子：表示谨慎、判断、冷静和评估。它聚焦于事物的真实性、适应性、合法性，会告诉我们某个做法为什么不奏效。这一思维方式不是感性的，它更侧重于逻辑，往往与我们的知识和经验相悖。“黑帽子”适合评估变革、检查实用性和谈判。

黄帽子：表示乐观、利益。它会让我们拥有更积极、客观的思维方式，从态度上看，与黑帽子思维完全对立。“黄帽子”适合探求新想法、查找是否有被忽略的价值以及应对重大变化等。

绿帽子：表示创新、更多的可能性和可选方案以及具有创造力的构想。它重在摆脱旧观念、寻求新变化。“绿帽子”适合对现状发起挑战、摆脱束缚、寻求更多的新概念和替代方案。

蓝帽子：表示思考的组织和思考相关的问题。它更像是一位能够掌控全局的“主持人”，在大家陷入思考僵局时，会随时变更“思考帽”。“蓝帽子”适合探索主题、设定时间限制、在产生争论时提供思维框架等。

这一创新技法看起来有些让人摸不着头脑，但在每一次会议、每一次讨论中使用这种方法，会让人充满热情。它旨在帮助我们在工作中提出建设性的观点，聆听他人的意见，并学会从不同的角度思考同一问题，从而提出创造性地解决问题的方案，在具体的实操中也非常简单。

更进一步地说——从团队层面来看，六顶思考帽就像是六个人对一个问题进行分工式合作，白帽子负责阐述问题，绿帽子负责提出解决问题的方法，黄帽子对这一方法的优点进行评估，黑帽子则列举方案的缺陷，红帽子对方案做直觉性的判断，最终由蓝帽子进行总结，并做出决策。

而如果从个人的层面来看，我们在工作中面对某一问题时，不妨采用这样的思考脉络，从问题入手，循序渐进，便能够创造性地解决问题了。

某公司的个人电脑速度非常缓慢，一名业务主管便合理地运用六顶帽子解决了这一问题。

“白帽子”先介绍了软件增多，占用了更多资源，设备更新要超过三年，但实际更新率只有三分之一的情况。

“蓝帽子”提议让大家想想解决方案。

“绿帽子”提出了一系列解决办法：比如适当调整设备折旧期限，用笔记本代替PC机，每半年重装一次软件，加装另一个硬盘等。

“黑帽子”马上提出“更换笔记本，预算不支持”的反对意见。

“蓝帽子”当即制止“黑帽子”，表示先让“黄帽子”谈一谈方法的可行性。

“黄帽子”表示，在新时代，笔记本早已是普及的设备，更换设备端的配置会更好地满足需求，同时也可以进行配置升级、调整软硬件、改善最常用的方法等，其他单位已经这样做了，且效果不错。

“蓝帽子”表示，现在可以讨论一下上述方法的局限性。

“黑帽子”提出了更换设备资金不足、财务制度变革时间长、软件重装耗费时间过长等缺陷和弊端。

"红帽子"觉得在理论上虽然存在诸多不足，但只要开始实施方法，就会解决很多只停留在思考层面的问题。

"蓝帽子"最终做了总结，可以给少量对计算机速度有需要的员工更新换代；其他员工利用硬件升级等方式既能延长使用寿命，又能节约成本；定期重装系统和软件；梯次更新。

如果六顶思考帽应用在个人身上，那么上述的各色帽子更像是被"拟人化"了，它是我们对于一个问题的细致思考过程。其中有对问题的罗列、方案的提出以及可行性分析等。

归根结底，在创新上我们必须要借助各种方式方法和渠道，以实现对问题的全方位"围剿"，继而达成目标。

第五章

求新求变——永远保持“更新”的能力

每个人都是一座待开采的宝藏，拥有着无限潜能。我们需要革新、改变和积极进取，时刻保持思想的活性，从而吐故纳新，激发出无限潜能。

1. 用想象力激发创造力

茨威格说，在严格求实的探索已山穷水尽之处，却可以让想象展开翱翔的翅膀，发挥有益的、在某种意义上说来也是可靠的作用。每个人都具备不同程度的想象力，面对不同的事物和对象也会有不同的想象方式和程度。如何在岗位创新上借助想象力激发创造力，已成为我们工作中的一个要点。

我们谋求在自己的岗位上创造突出的成绩，这便有赖于创新，因为它总能让我们花费更小的力气获得更大的回报。但这需要一个前提——我们必须把自己从幽闭、阻塞、狭隘的思想空间中释放出来，保持大脑的活性，变得更有想象力。

从古至今，人类正是因为拥有各种奇特的想象力才能征服天空、陆地和海洋，正如卢梭所说，现实的世界是有限度的，想象的世界是无涯际的。

有一家保险公司，常年采用传统的上门推销方式，最初的确得到了不少保单，可随着时间的推移，这种方式为人所诟病，很多人都讨厌自己那份“门被敲开，然后面对一个喋喋不休的推销员说着自己有可能会得某种病或出某种意外，所以必须要投保”的经历。不过，公司为了生存和业绩，也没有更好的办法。

公司来了一名新推销员，他在一个月时间里敲开了100户人家的门，数量不算多，因为他提前做了充足的准备，可充分的准备并没有为他赢得更多的客户，反而得到的是更多的投诉。怎么办呢？

一次，他在拜访客户路上途经一家古董店，看到了很多古钱币，这些古钱币价值不菲。回到家后，他想着是否能在这上面做文章？古钱币和保险有什么关系呢？原来，他想到的是把仿制古钱币送给客户作为纪念，消除直接拜访带来的负面影响。

他把自己的想法告知领导后，领导层经过商讨，决定一试。具体做法是：他们先锁定目标客户，然后寄送相关材料，包括保险说明书和一张简单的调查表，同时附带一张优惠券，优惠券上有一行字——“请把调查表空白处填好，并撕下优惠券寄给我们，我们很快会回寄两枚包括希腊、落马、中国等国家的仿制古钱币，随机赠送。这只是为了答谢您的协助，并非让您参与我司保险。”

当时公司一共寄出 2 万封信件，没过几天便收回了 1.9 万封。而后，公司让推销员根据这些回信中的信息，带着古钱币逐一拜访。在拜访时，销售员的开场白为：“非常感谢您对我们公司的协助和支持，这是我特地为您带来的古钱币。”很多客户听到这样的话后会马上卸下防备，接过古钱币仔细把玩。趁着这个空当儿，推销员会与客户闲话家常，并逐渐谈到保险。

通过这一“软过程”，客户也更愿意敞开心扉与推销员交谈，即便有些客户仍然抗拒，却碍于情面说会考虑，不似以往那样直接拒绝。通过这一创举，公司成功签下近 7000 份保单。

爱因斯坦说，想象力比知识更重要，因为知识是有限的，而想象力概括着世界上的一切，推动着进步，并且是知识进化的源泉，严格地说，想象力是科学研究中的实在因素。

人类的精神文化生活之所以丰富多彩，完全依托于想象思维。没有充分的想象力，就没有摄人心魄的艺术创作，也不会有更多的发明创造。上文中的推销员胜在了具有非凡的想象力，正是得益于他的创新，公司才能推出以古钱币为突破口的创新服务。

要想引爆创新潜能，想象力不可或缺，想象是创新的起点，为创造新事物提供了最原始的动能。因而，我们必须张开想象力的翅膀。

创意如同潜藏在我们大脑中的一座宝藏，而想象力则是帮助我们寻找到宝藏的向导，缺乏想象力，就不可能有创新。一切就像安东尼·罗宾斯所说的那样，想象力能带领我们超越以往范围的把握和视野。

四川省汶川县白岩村青年姚岩松，劳作之后坐在地上休息，偶然发现一只“屎壳郎”慢慢地前进，它面前是一个体积比它大数十倍的泥球。这个场景让姚岩松很感兴趣，于是他蹲下来仔细地观察着。看着“屎壳郎”的一系列动作，他有所感悟，却又迷惑不解。

第二天一早，他在山上又找到一只“屎壳郎”。为了便于观察，他特地找来一块泥土，用白线拴住，并套在“屎壳郎”身上让它拉着走。奇怪的事情发生了，这明明是一块比昨天更小的泥块，可“屎壳郎”却是一副拉不动的样子。为此，姚岩松又找来好几只“屎壳郎”做相同的试验，但结果都一样。姚岩松想：看来拉比推费力，能推动的东西未必能拉动。

早年间，姚岩松曾开过拖拉机，而且他在电影中也看到很多机械并不能在家乡陡峭、狭小的山地使用，不禁感到遗憾。此时他想到的是，能否像“屎壳郎”那样，把拖拉机的犁放在耕作机身动力之前呢？也就是从拉变为推。

按照这样的思路，他把茅花秆切成一节节，分别制成了把手、机身和犁圈，忙了几天后，成功制成了一台耕作机模型。

又过了三个月，他投入数千元制成了一台真正的耕作机，可开进地里后却并不好用，这让他十分忧心。

某一天，他在岷江河畔看到了一台推土机，发现推土机正因为有履带才有了更好的稳定性和抓地力。能不能把履带安装在耕作机上？有了这样的想法，他很快进行了一系列的实验。

几个月后，姚岩松的第一台“履带式耕作机”终于诞生了，但这台机器仍有瑕疵，他也为此又进行了数百次的改进和试验。功夫不负有心人，历经长久的努力，他总算推出了第十台“屎壳郎耕作机”，它是一种以推动力代替牵引力机械，改变了传统耕作机的结构，这一发明尚属国内首创。

这台耕作机体积小、重量轻（只有120多斤），一个成年人就可以背着上山。这台机器还可以在石梯上行进，甚至能爬45°的斜坡。而且耕作效率高，用它耕作两个小时，就相当于一头牛耕作一天，但价格却只有一头牛价格的一半。这些特点让它一经问世便大受欢迎，很多厂家都要求联合生产。

一只小小的“屎壳郎”和一台常见的推土机为姚岩松带去了无限的创新灵感，他凭借着自己的想象力实现了技术创新，也由此打开了一扇通往成功的大门。

能够激发创造力的想象力绝不是天马行空、胡思乱想，它必须建立在科学的基础上，要符合客观规律，要具备可“变现”性。一旦违背了客观规律，不符合科学，也就只能停留在想象的阶段，不会产生任何创意和价值。

需要说明的是，想象力只是前提，我们在工作中即使产生了无限的想象力，但我们却没有在想象力的指引下一步步去实践，寄希望于创新成果在想象力之下自然产生，这也是不切实际的。只有像案例中的姚岩松那样，在想象力之下激发出创造力，并实实在在地去实践和不断改进，才会最终收获能够产生效益的创新成果。

2. 吐故纳新，丢掉“昨天”的自己

泰戈尔的《烧毁记忆》中有这样一句话，有一个夜晚我烧毁了所有的记忆，从此我的梦就透明了；有一个早晨我扔掉了所有的昨天，从此我的脚步就轻盈了。这是一句带给人们启示的话，烧毁记忆、扔掉昨天，意味着迎接明天和新生，意味着忘掉过去的所有，从头来过。

这句话的内涵放在创新上，也一样适用。我们只有善于“淘汰”自己，更新自己，才能迎接全新的自我。

人们的认知总是有局限性，任何人都无法时刻做出最正确的决定，往往昨天还被认为正确的东西，到了今天就可能会走向另一面。在工作中，上一次遇到相同问题所采用的思考方式和方法，这一次很可能会变成导致失败的原因。可见，我们应当让自己的思想实时更新，善于激发和挖掘自己的创新潜能，每天都以崭新的视角去看待相同的工作。

个人要想在岗位上实现创新，就必须学会吐故纳新，丢掉昨天的自己，只把过去的成绩当成一个小小的测验，因为过去的成绩只表示我们在那段时期表现优异，可那种成绩却不能简单地复制粘贴。

宁允展是中车青岛四方机车车辆股份有限公司车辆钳工高级技师，他从铁路技校毕业后便进入了铁道部四方机车车辆厂（中车四方前身），成为一名普通钳工。他是一个爱琢磨、善

创新的人，在工作之余自学了机床、电焊等技能。

沉默寡言的他，在创新上却是一把好手。他在自家平房外的空地专门自建了一个“厂房”，苦练各项技能，经过一次次的研磨、报废、再研磨、再尝试，他练就出了扎实的基本功，也在这个过程中频频出新出奇。

当时，转向架内腔的铁屑要经过冲压清理，需要利用双手压住风压口，既危险，效果还不好。宁允展便开始琢磨起来，最终通过多次试验发明了一套装置，能够自动释放转压架内腔清理时的压力，把清理效率提升了80%。

而后，他又着手将研磨技术与焊接手法巧妙地结合在一起，发明了一套“精加工表面缺陷焊修方法”，成功地解决了转向架检修加工部位易损伤、修复难的问题，使得修复精度最高达0.01毫米。

在岗位上，宁允展不断地提升创新能力，且乐此不疲。他说：“多向别人学习，工作中态度一定要认真，这是在日常工作中表现出来的。把活儿干好了，心里才舒服。如果这个活儿干得不好，心里就会不得劲儿。”秉持着这股劲头儿，从他手中诞生了一项项发明和创新：动车组排风消音器、动车定位臂螺纹引头定位工装、动车空簧孔防护、动车踏面清扫器座螺纹引头工装、制动夹钳开口销开劈工具……

在不断的摸索中，宁允展积累了丰富的经验，他的各种创新和先进的操作法也为他赢得了各种荣誉：完成了12项公司级改善方案、获得了13项国家发明技术专利……这些荣誉也让他成了全国总工会和中央电视台联合推出的首届8位大国工匠人物之一。

丢弃“昨天”的自己，就会为迎接“新生”带来更大的动力。我们在工作岗位上的“革新”从来都不是一蹴而就的，它是一个循序渐进的过程。

跳高运动员为了一次次突破自己，会为自己设定更高的目标，会忘记之前可以达到的高度，并永不满足；短跑运动员也会在身体可承受范围内，一次次增加自己的负重，确保起跑敏捷、迅速，并有持续性的耐力输出。每个领域、每个岗位上的人都应当怀有这样的进取心，不吝啬否定昨天的自己，不沉醉于往日取得的成绩，只要每天都能有点滴的进步，就会距离成功更近一步。

当然，有人会说这是一件极其困难的事情，不断淘汰自己意味着永远怀有质疑自我和不满足的心态，这并非常人可以做到的。的确如此，所以这也是成功者比失败者更少的原因之一。不过，我们所谋求的成功可能不是大富大贵，更非成为某一领域和岗位上的顶尖人物，而是永远怀有“空杯心态”。

得意忘形不可取，它也是阻碍创新的一大障碍，当我们为自己取得的成绩而沾沾自喜时，也就是退步的开始。忘记过去的成绩，就如同把自己当成一个杯子，保持空杯就是要彻底倒掉曾经的辉煌和功劳，一切归零、重新开始。

有一个书生考上了本县的状元，此后每天四处玩乐，目中无人，他觉得自己是县城里最聪明的人。后来，有人告诉他一个小镇里有一位高僧，很有学问。状元一副不服气的样子，骄傲地说这个县里不可能有比他还聪明的人，于是决定去找高僧比一比。

状元走了很远的路，总算找到了高僧所在的小镇，吃过饭后便询问高僧在哪里。当地人都知道那位高僧，便告诉他一直往前走会看到一座山，翻过山就可以找到他。状元费了好大劲总算翻过山，来到了一间茅屋前，他怒气冲冲地敲开门，里面走出了一个小和尚。状元很没有礼貌地询问高僧是不是在里面，小和尚问明来意后，便请状元进屋坐下。

过了一会儿，小和尚拿着一壶水和一个杯子出来了，放在桌子上说：“施主请喝水。”说完开始往杯子里倒水，可是杯子已经满了，但他并没有停下。状元见状，忙说：“喂，杯子已经满了，你怎么还一直倒水？”小和尚仿佛没听到一样继续倒，结果倒得满地都是。

状元刚要发怒，只听小和尚说：“施主，一只满了的水杯，是无论如何都装不进一滴水的。”

状元一愣，连忙道歉：“原来您就是高僧，小生受教了！”

骄傲的状元是以“满杯”的心态来见高僧的，不管怎么比，他都不会认为自己会输，又怎么会讨教到高招呢？“空杯”即是要求我们不要自以为了不起，什么都会，到头来只会意识到自己的无知。

有鉴于此，我们在工作中也就有了依循，要让“归零”成为一种常态、一种延续，这样就等于为创新增添了新的注脚。

3. 主动创新，保持思想活性

一个善于自我改变、自我超越的人，总会意识到自己的不足和缺陷，不断寻求完善自己的方式方法，从而获取优异的创新成果，将自己的事业推向更高的位置。岗位创新正是要求员工要自动自发、主动求变，由此才会积极思考，脱离原本的轨道，主动出击，重获新生。

无论是企业还是个人，谈及发展总离不开创新，而要想获得突破性的发展，更离不开主动创新。

主动创新便是把主动权牢牢抓在自己手中，从一国的发展来看，抓住了创新的脉搏，就会站在世界之巅；从一个企业的生存角度看，抓住了创新就意味着持续地提升核心竞争力；而对个人来说，主动创新标志着走出舒适区，踏上充满冒险和奇遇的旅途。

很多人面对岗位工作，总会呈现两种应对方式和心态，一是观望，边走边看，有着极强的从众心理，缺乏主动意识；一是积极应对，主动求变，抱持科学发展的态度未雨绸缪，在困境中寻求突破和革新。

岗位创新精神需要积极主动才能有所作为，被动会让自己框定在固有的圈子内，无法进行开拓性的思考和改进，如此又怎么能走在他人的前头呢？主动却与之恰好相反，表明我们对于岗位有了新的思考，这会触发我们产生有别于以往的创新思路。

吉林石化公司炼油厂一催化裂化车间操作员王立志在例行巡检的过程中，发现外取热 A 返回口管线上有泄漏点，于是立即上报班长，检修人员马上带着“刨锤”赶到现场修复，短短三分钟便成功封堵了漏点，为装置抢修赢得了时间。

在这起事故中，“刨锤”可谓立下大功，它是什么呢？它是厂里的巡检员们积极开动脑筋搞出来的小发明。

众所周知，对于炼化企业来说，泄漏是最大的风险，所以为了避免装置泄漏，引发事故，大家便一起琢磨着怎么预防。一开始，车间设备主任和组长结合以往经验，从容器结构特点、泄漏点情况和施工方面入手，设计了一种与后来的“刨锤”类似的工具，不过这个工具虽然有其实用性，但缺点也很明显，因为无法确定泄漏点大小，也就把握不好工具的尺寸。

几个人又开始了一番讨论，设备组长提议道：“检修工具都有型号，不妨参考这个思路，多做几个大小比例不同的。这样一来，一旦发生紧急情况，根据现场需求使用不就可以了吗?”

按照这一提议，几个人开始着手试验和改进，最终确定了1∶5的比例，设计出了一整套“刨锤”。

同事们纷纷称赞：“这项小发明不仅操作简单，而且提高了特殊情况下装置的安全平稳性。”果然，在日后的实际应用中，这套“刨锤”都发挥出了巨大的作用，成了厂里的“明星工具”。

古语有云，各人自扫门前雪，休管他人瓦上霜。但在岗位创新的角度看，事不关己高高挂起的态度是要杜绝的。

有些人把工作当成一种“差事”，只想着应付了事，每天看似很努力地在工作，却依然在岗位上原地踏步，毫无进展，归根结底，便在于他们缺乏创新意识，没有真正把工作当成自己的责任。

而那些优秀的员工，可以源源不断地创造价值的员工，因为总是想着去创新，去改善现状，才会产生出更多的思路和念头。这得益于他们的主动性，他们的思想始终保持着活性，继而创造了更多、更大的价值。

我们每个员工都应剔除内心随大流的念头，以更积极的心态面对工作中的每一项任务，全力以赴，做好创新工作。工作中的这种主动创造，会带来正向的改变，以促使自己更适应岗位的需求和职场的变化。在岗位中保持率先主动的创新意识，会更容易找寻到一种开拓性的思考方式及获得成功的工作方法。

某电力技术设备公司员工老张，在加工车间工作了20年，积累了丰富的工作经验，在创新上也颇有心得。一提到创新，他便会坚毅地说：“车间工作，无处不创新。”

在车间工作时，老张发现基层的创新空间是无限的，因为产品层出不穷，各生产部件每天都在更新换代，所以工艺流程和加工方法都要不断创新才能跟得上这种快节奏。

当时，公司购进了一台先进的数控机床，老张很痴迷于这台新机器，一边熟悉它的操作流程，一边研究有关数控机床的生产原理和制造方法，还主动针对机器的断路器部件做工艺上的改进，希望凭借不断设计新的加工方案来提升加工效率。

老张经过不断的努力，成功制造出断路器的成品，使得车间的加工生产提升了3倍以上的效率。同时，他还不断地改进产品的加工工序，重新设计了很多重要零部件，既提升了生产效率，又降低了企业成本。老张说，员工主动创新与被动创新所产生的结果截然不同。主动创新是一种思想意识上的创新，它会引导员工主动发现工作中的问题，继而寻找解决之道，并慢慢地把创新当成一种工作习惯。

每个企业都有优秀员工和懈怠员工，优秀员工都善于在困难面前积极主动地改变思维模式，找寻解决问题的办法，甚至会采取新颖、独特的方式来解决问题；懈怠的员工则只会按部就班，用僵化的思维思考问题，完成工作，他们不善于根据环境的变化而灵活地运用其他方法，结果面对突发难题只能坐以待毙，继而在激烈的竞争中败下阵来。

每个人的潜能都是无限的，每名员工在各自的岗位都具有主动创新的潜能，问题就在于我们是否善于激发这种深埋于内心的潜能。通常来说，我们可以从以下三方面入手。

首先，专注于自己最擅长的事。我们很善于把自己擅长的事情做得更好，是因为在做这些事情时，我们会全力以赴。所以，搞清楚自己的优缺点，在擅长的领域主动创新，做更擅长的事情，既会发挥出自身优势，又能够实现创新。

其次，保持探索精神。创新是一个不断探索的过程，具备并保持探索精神，才能保证自身不断地积累和学习，并有意识地培养自己的创新思维。同时，随着探索的不断深入，我们的创新能力也会获得同步提升，你可能会惊喜地发现，每天的工作会更快、更圆满地完成，并有更多思考改进工作方法、提升工作效率的时间和精力。保持探索精神，我们的主动创新意识会为创新能力“添砖加瓦”，让我们在职场上走得更远。

最后，重视团队协作。创新是一种个人行为，但却少不了团队成员之间的相互“刺激”。员工除了在各自的岗位上应当保有个人化的思维方式外，还要重视与团队成员之间的思维“碰撞”。与同事之间的探讨甚至争执，会产生不一样的思维火花，甚至会激发出彼此的创造灵感。更关键的还在于，我们会从这种交流中获得新的观点和启发，从而发现被自己忽略的重点，逐步完善自己的创新。

4. 从他人忽视的地方入手

彼得·杜拉克说，行之有效的创新在一开始可能并不起眼。但越是“不起眼”之处，往往越是创新的关键之所在。“不起眼”之处不但容易被我们忽略，也是他人不易察觉和忽视的地方，所以那通常会提供最多元的创新灵感，从而促使一件简单的事情变得超乎常规、不同寻常。

正所谓“天下大事，必作于细”，在创新上也是如此。很多细节都是创新的要点，也是决定一个人是否能实现创新的关键。我们要培养自己发现细节的意识和习惯，惯于从他人忽视的地方入手，从企业的角度讲便是善于开拓“蓝海”，从个人的角度讲，则是找到能够让自己步步登高的永续动力。

有一款以女性生理期健康为核心的手机应用——大姨妈。它从上线之日起，仅用了一年半的时间便拥有超过2000万名女性用户。该产品的下载量及活跃度在同类型产品中属佼佼者，很快成为拥有近亿名用户的大平台。它以其独特的吸引力让很多投资人纷纷解囊，一度吸纳近亿元风险投资。

那么，这款专门为女性服务的App是怎么诞生的呢？

“大姨妈”的创始人是个蓄着小胡子的男青年，名叫柴可。很难想象一个女性产品项目的开发者是个男青年，但正得益于他的细心，才既成就了自己的事业，也解决了广大女性朋友的“难言之隐”。

柴可有一个女朋友，每个月来月经都会头疼，去医院也没有查出个所以然来，医生只是说这种症状可能与喝茶、喝咖啡有关。一位朋友半开玩笑地说：“女性的经期每个月都有，且会伴随她们几十年。”说者无心，听者有意，柴可想：能不能做一款提醒女性朋友别在错误的时间做错误的事情，帮她们减轻痛苦的手机应用呢？由此，柴可开启了自己的创业之旅。

很快，柴可便与几个朋友一起合伙做这件事，每天都在研究“月经”，并查阅妇科学、统计学，以及各色人种女性经期的记录。他在乘坐公共交通工具时也不忘查阅相关资料，常有女性看到他的手机屏幕，并戴上了“有色眼镜”来看他。

柴可为了感同身受，一边学知识，一边亲身实践——每个月抽出几天时间垫着大号卫生用品，去感受女性那几天所承受的不便。

一段时间后，“大姨妈”正式上线，想不到异常火爆，注册用户很快攀升至2000万！不少女性用户还特地给柴可取了个绰号——大姨爹，而柴可也欣然接受。

这款App可以记录女性从经期开始到结束的时间，包括每个周期出现的不同症状，用户可以根据个人意愿来记录生活习惯。而后，系统会对用户的信息做科学的分析，并预测排卵期和安全期。此外，还能按照用户所处的经期阶段提供营养、健康、美容等方面的心理疏导，可谓全方位地关爱女性，也难怪会大受欢迎了。

从专属女性的一个课题入手，成功发明出一款在女性群体中间火爆的手机应用，这不得不说是一个“奇迹”。独属于女性的课题本该由女性来攻克，但为什么是柴可？因为他足够细心，能够看到被别人忽略的地方。换个角度看，这是一种“差异化思维”，也叫“差异化创新”，它是很多企业在进行市场竞争时使用最多的一种策略。从个人的层面来看，找到他人忽视的，并以此大做文章，就等于进行了“差异化创新”。

那么，我们在工作岗位上，怎么才能具备这种“差异化思维”，从而进行“差异化创新”呢？那就要找到细分市场。

企业在竞争过程中要想出奇制胜，从细分市场入手无疑是一个好办法。个人也是如此，在做好分内工作之余，也要深入思考本职工作中那些可以细分的“市场”。比如当大家都卖大苹果时，你不妨卖“红苹果”，这便是一种差异化。

有人会说，如果别人也卖红苹果呢？很简单，你可以卖“甜苹果”，这是从颜色到味觉上的转变。随之还可以有诸如品牌、产地等的变化。总之，无限延伸、拓宽自己的领域，总会让你领先一步，走在别人的前头，而这个过程便是不折不扣的创新。

牛顿说，把简单的事情考虑得很复杂，可以发现新领域；把复杂的现象看得很简单，可以发现新定律。科学家发现了普通人忽视的地方，所以才走在了世人的前头。我们在工作中若能擦亮双眼，在常见且容易被忽视的地方入手，也往往会出人意料地实现创新。因为创新并不是魔法，它是肉眼可见、触手可及的。

分众传媒的创始人江南春，是在一次不经意的情况下觅得商机，从而创立分众传媒的。一次，他在等电梯的时候，看到电梯门上粘贴了一张他喜欢的明星的海报，正当他想好好欣赏一下时，电梯来了，他只好走进电梯。

当电梯门关上时，他突然想到：相信很多人都曾有过这样的经历，在电梯这个密闭空间内看不到自己想看的东西。大部分人在坐电梯和等电梯的时候都会非常无聊，熟人之间还好办，但陌生人之间只能“大眼瞪小眼”。如果在电梯内放上一个屏幕，播放一些内容，肯定会有很高的收视率。

江南春很快把自己这个想法付诸行动，经过一番实践，他的创意变成现实。没过多久，在很多城市里都能看到江南春的楼宇电视广告，他的公司也因此获得了更高的知名度，在传媒领域独领风骚。

几乎每个人都有等电梯的经历，在等待着的过程中承受着同样的无聊，可为什么没人想过借助某些办法来解决这个问题，或是用什么媒介来替代这种无聊呢？这恰恰证明了江南春的“高明”——能够发现被他人忽略或是并不在意的细节。这种细节正是产生创意，实现创新的关键所在。

一位知名企业家说：“当今世界上，要做我做得到而别人做不到的事，或是我做得比别人好的事情，我觉得太难了。因为技术已经很透明了，你做得到，别人也不难做到。但是现在选择别人不愿意做、别人看不起的事，我觉得还是有戏的。”归根结底，去做有差异化的事情才更有在激烈的竞争中突围的可能。

一件事或一个细节被忽视，很可能是因为它过于冷门，但冷门工作往往蕴藏着更多创新的机会，正因为不被看中，它反倒是一片未被开拓的“蓝海”。换个角度来看，正因为冷门，所以竞争不会太激烈，成功的机会也就更多。

从岗位创新的层面讲，多去寻觅隐藏在角落里的机会，做别人不愿做的事，走别人没走过的路，通常都会大有收获。爱默生说，人，全都是为了“发现”而航行的探寻者。在现实中，谁能在人生的大海中航行得更远，就证明谁发现了更多支撑航行的动力。从创新的角度看，每个人都有着不可估量的创造力，只在于我们能否激发出自己的这份潜能，以让自己在工作岗位上做出成绩，在人生的航行中一帆风顺。

5. 培养敏锐的“创新嗅觉”

人类社会每一次征服太空、海洋的举动，其背后无一不是灵敏的“创新嗅觉”的体现。

在科技上，创新嗅觉便展现了它不可替代的地位，从我们普通的生活和工作中，培养并具备创新嗅觉同样会让我们在工作中大放异彩。

“创新嗅觉”，简单来说便是发现创新点和商机的能力。一位创新学家如是说：“从来不存在有没有创新的机会，而是要问自己是否有发现机会的眼睛。”

有一家药店有一名很善于创新的店员，他总能从顾客的三言两语中捕捉到重要信息。一次，他正在给别人拿药，突然听到一位顾客跟同事说，有些药白天吃完后就会犯困。这本是一句再简单不过的“抱怨”，但他却记在心中。因为他意识到这其中应该蕴含着巨大的市场需求，对公司而言也将是难得的商机。

他很快找到主管，说出了自己的想法，建议公司不妨生产并不影响药效的防困药物。公司领导经过商议后同意了他的建议，等这种“防困”药物正式上市后，意外地获得了消费者的好评，当年便实现了高达近7亿的销售业绩。

店员的一个小小建议，却能带来如此巨大的商业效益，说起来令人难以置信，但这恰恰证明了创新的价值所在。市场有着无限的需求，所以创新的方式也必然多种多样。把握住任何一个“蛛丝马迹”，都有觅得商机的可能，全赖于我们是否有足够敏锐的“创新嗅觉”——这也是我们自身潜能的一部分。

那么，在日常工作中，我们要怎么有意识地培养这种“创新嗅觉”呢？

第一，对工作充满足够的爱。兴趣是最好的老师，是一切知识的来源，我们对自己的工作充满热情，也就会产生更浓厚的兴趣，反过来说，有了浓厚的兴趣，对待工作也就更有热忱，才有可能产生出“创新嗅觉”。

第二，具有创新意识的动力。这种动力源于我们在工作中要展开更细致的观察、更深入地思考，有意识地通过日常训练培养自己的观察能力和大脑的灵活性，继而让自己养成创新习惯，把更好的想法带入工作之中。

第三，尝试打破常规。这一点并不容易，因为对很多人来说，如何打破常规更像一个“伪命题”，也就是说，大部分人并不知道怎么才算打破常规，打破到何种程度才算符合“要求”。为此，我们不妨先去“尝试”，试着从更多的角度寻求突破。通过一次次尝试，才有可能把握“打破”的尺度，实现超越。

第四，努力学习本领域和跨领域知识。拥有更丰富、多样的知识，总会让我们在处理工作中的难题时游刃有余，所以有必要加强对本领域知识的深度学习，以便从成手变为能手、从优秀走向卓越。同时也要掌握跨领域知识，构建更庞大、系统的知识体系，这会让我们处理问题时的方法更多、处理能力更强。

第五，培养创新思维及创新素质。掌握辩证思维是具备创新嗅觉、成为创新型人才的基础和关键，在创新学习的过程中，辩证思维会帮助我们发现问题，同时在解决问题的过程中也会提炼思想，给出正确的方案和决策。而要想思维认知发生质的变化，产生质的飞越，以便达到更好的创新效果，作为员工的我们就应该明白一点：素质是可以培养的，这些素质包括强烈的求知欲、好奇心和质疑精神等，我们始终要相信一切都可以在某种条件下发生转变，所以切勿迷信权威，要把未来把握在自己手中。

改变的欲望会促使我们做好相对应的准备，让我们在工作中和学习中获得更多的直觉和灵感，从而发现新问题，激发新创意。

第六，永不放弃。创新往往不会一蹴而就，它需要一个被检验的过程。当我们的创新思路和举动在接受检验之后没能带来预期效果，我们也不能就此放弃。从某种意义上说，培养创新习惯的意义可能远大于一次创新带来的成果，因而，要想真正把创新嗅觉变成自己的一种“感官”，就要不断地尝试创新，直到看到希望。

某牙刷公司的一名员工在一天早上刷牙后发现牙龈又出血了，这已经不是第一次出现这种情况了，每次他都在想如何能避免这种情况，比如刷牙的力度更轻，或更换牙刷，但都于事无补。

他知道这是一种普遍情况，也意识到问题肯定出现在牙刷本身。这一次他想：能不能对牙刷做一些改进呢？

在接下来的几个月时间内，他除了更换软毛牙刷，还把牙刷放在温水中浸泡，让它变得更柔软，可这样做的结果除了不能更好地清理牙缝中的“污物”外，并没有意外惊喜。

这一天，他在继续实验时突然想到：难不成牙刷毛的形状是导致牙龈出血的罪魁祸首？是不是它们过于坚硬才把牙龈刺出血了呢？想到这里，他用放大镜仔细观察牙刷毛，发现牙刷毛顶端是四角形的，棱角分明。为此，他想到的解决办法是把牙刷毛变成圆形的。

又一轮的实验之后，这个难题终于被攻克了！他把自己的创意提供给了公司，公司马上采纳，后来公司的所有牙刷的顶端都改为圆形设计，上市后大受消费者的欢迎。不久，该公司的新款牙刷在同类产品中一骑绝尘，一度占到市场销售总量的30%—40%。

创新嗅觉的培养和发生需要时间的积累，不能因为一时之间没有更好的想法便轻言放弃。如果案例中的那名员工像大部分人那样不在意牙龈出血问题，也就没有接下来的一系列实验和最终的创新成果了。

一切看似“不起眼”的地方都蕴含着无限机遇，就看我们是否能循着创新的脉络一路走下去。

在激烈的人才竞争中，创新型人才始终是各企业单位稀缺并渴求的，因此我们必须培养自己的创新嗅觉，争当创新型人才。

6. 马上行动，让想法“变现”

心理学家威廉·詹姆斯说，灵感的每一次闪烁和启示，都让它像气体一样溜掉而毫无踪迹，这比丧失机遇还要糟，因为它在无形中阻断激情喷发的正常渠道。我们都知道灵感是创新的一个必要前提，更可视为创新的重要源泉，也知道它是稍纵即逝的。不能抓住灵感，也就无法将一闪而过的“灵光”变成现实，很可能错过一个可能改变人生的机会。

这样的说法并不夸张，因为在我们周围，就发生过很多凭借一个灵感、想法改变自己，甚至改变世界的事实。缜密的逻辑需要长久地培养和训练，但灵光乍现却在刹那之间，如果不能牢牢把握，立即行动，让想法“变现”，就等于白白浪费了一个难得的机会。

员工的岗位创新精神与行动息息相关，一切创意若不能在行动之后变为现实，那么它就只是一个空想而已。

一位企业总裁曾说，这个世界上有两种人，一种是空想家，一种是行动者。空想家善于谈论、想象、渴望。可是，无论他们想得有多好，设想有多妙，那都只是梦想而已，永远实现不了。行动者，总是通过自己的付出和努力，把现实打造成想象中的样子。也许打造出来的没有想象中的完美，但他们却实实在在地拥有。

段云松的父亲是工程师，母亲是公司经理，夫妻俩本已为儿子设计好了上大学、出国的人生之路，但段云松却对经商兴趣浓厚，初中时就卖过贺卡，还会兜售一些纱巾，甚至还组织一些孩子卖莴笋。

父母虽不希望段云松经商，可“玩世不恭”的他因为表现不好，被学校开除了，便只能“自谋职业”。他曾在王府井饭店做过保安、行李员，后来辞职创业。最初，他与几个好朋友合伙开了一家饺子馆。

一次，一位看起来很有钱的客人吃过饺子后对他说：“嗯，很好，不瞒您说，我好久都没有吃这么一顿饱饭了！”这句话让段云松琢磨了好久：为什么那么有钱的人却愿意吃一顿家家都能做、从小就吃得到的饺子呢？后来他知道了原因，那些有钱人吃腻了山珍海味，反倒怀念起饺子、烙饼一类的很有家的味道的食物。

想到就要行动，段云松很快重新定位了饺子馆，改名为“忆苦思甜大杂院”。饺子馆摇身一变成了饭庄，类似饺子、炸酱面、烙饼等都划归到一处，让人能找到“家”的感觉，生意一度非常好。

做成了饭店生意，段云松又把眼睛看向了另一处——茶楼。当时有一位朋友请他喝茶，他觉得茶水没什么好喝的，但当朋友开始跟他讲“茶道”后，他觉得其中大有文章可做，当年就开起了一家茶艺馆——五福茶艺馆，寓意为“康宁、富贵、好德、长寿、善终和知福、享福、惜福、造福、幸福”。

他的茶艺馆看上去很雅致，可是并没有多少人光顾，因为里面没有相声、快板，也不能吃饭。一时间，茶艺生意陷入僵局。但段云松依旧坚持着，开始捧着茶经研究有关茶的一切。

慢慢地，他开始转变思路，既表演茶艺，又代培茶艺员，还搞起了茶具批发等，逐渐让生意好了起来。后来，“五福”与一家国企合作，成立了占地万余平方米的茶城。

每个人的人生路都不尽相同，段云松虽然没有按照父母的意愿读大学、出国，最终成为高级知识分子，但身上依然有很多可贵的优秀品质，尤其是“马上行动”。出色的执行力是段云松走向成功的一个关键，如果他空有想法而不实践，整天幻想自己做了什么、得到了什么、成为什么，那么一切都只局限于他的大脑中，在现实生活中，他仍然是无所事事的人。

想到就去做，把想法变成现实，让梦想成为真实，才会实现创新，想法、灵感等才有价值。创新思维如同一颗深埋于我们心中的种子，一次次的行动则是浇灌它、滋养它的养分，如此才能让它生根发芽，长成参天大树。相反，让那颗原本可以生机盎然的种子永无出头之日，在心底腐烂，将是一件多么令人惋惜和痛心的事啊！

作家克雷洛夫说，现实是此岸，理想是彼岸，中间隔着湍急的河流，行动则是架在河上的桥梁。要想去往达成理想的彼岸，行动是前提也是关键。任何伟大的目标、理想或奇思妙想，无一不是以行动作为支撑的，没有行动，再好的点子和设想都会变成空中楼阁。

春节之际，在蒙牛任高官的杨文俊在深圳沃尔玛超市购物时，他发现很多人购买了整箱的牛奶后搬运起来很吃力。当时是购物高峰时段，很多汽车都拥堵在超市外围，进不了停车场，而商场的停车管理员又不允许人们把购物车推出停车场。无奈之下，消费者只好多次将购买的牛奶及其他商品搬到车上才行。

杨文俊眼看着这一切，不断地思考着解决办法。他倒不是想解决关于购物中心不允许把购物车推出停车场的问题，而是思考着一个细节——大家都非常吃力地搬运整箱牛奶，有没有更省力的办法呢？

在此之后的一天，杨文俊购买了一台 VCD，在拎着箱子走时，他突然想到了什么：VCD 比整箱牛奶要轻很多，可厂家都能为箱子配备“提手”，为什么我们不在牛奶箱子上也装一个提手呢？有了想法，他马上展开了行动。

在公司的高层会议上，他提出了这个想法，大家都表示赞同，并马上开始实施。而后，蒙牛推出的整箱牛奶有了提手，这既方便了消费者，也使得牛奶销量大增。这一创意，也开始被同行纷纷效仿。

很多时候，能够改变行业格局，甚至商业模式的创意往往非常简单，简单到它可能在数以万计的人的脑海中都曾飘过，但却几乎不被人在意，或者说即便脑海中闪现过某个想法——诸如抱怨几句类似“为什么箱子上不做个提手”的话，可只局限于抱怨而已，事后依然要俯身抱起一箱箱没有提手的牛奶。

由此及彼，在岗位创新的层面来看，我们必须打起十二分精神，不放过任何在心头一闪而过的念头和想法，要牢牢抓住它们，设法把它们变成现实。届时你会赫然发现，原来创新如此简单，只要立即行动，再荒诞的想法都有变成现实的可能。

7. 创新是“换脑”的过程

每个人都拥有无限的创新潜能，我们要做的是设法激发出这种潜能，从而创造性地解决问题，在工作中大放异彩，让自己的人生路越来越开阔。

一名员工刚入职一家公司不久，遇到了一个工作上的难题，便找到组长寻求帮助。他把问题陈述了一遍，询问组长怎么办。组长没有直接给出解决办法，反问道：“你说呢？你觉得应该怎么办?”

员工眉头一皱，不由得愣住了，心想我正是因为解决不了才来求助你，你怎么又问起我来了？他想了想，说自己想不到更好的办法，希望组长指点迷津。组长还是没有正面回答，而是让他回去再好好想想，深入思考一下，想出什么建议或方法后再来找他。

这名员工回去之后，起初内心很不舒服，心想找他是为了帮忙，却反过来让我自己想办法，要是自己能想到，干吗去找他呢？发了几句牢骚后，他便稳定了一下情绪，开始自己想办法。思来想去，他还真想到了一个不算成熟的解决方案，但终归胜过束手无策。

第二天，他一早去见组长，说明了自己的想法。组长听完后，问他：“只有这一个办法吗？再回去想想看，要多想几个才能更好地解决这个问题。”

组长已经下令了，他也没有什么好说的，只能回去再想办法。经过更细致的分析和思考，他果然又想到两个新方案。等他把这两个方案汇报给组长后，组长先是逐一帮助他分析了不同方案的优缺点，最后说：“我只会帮助你分析方案的优劣，但至于采纳哪个方案要由你来确定，我不会帮你下结论，这也是你前两次找我，我没有告诉你明确结果的原因，因为公司把你招聘进来，是让你告诉我该怎么办，而不是要我告诉你该怎么办的。”

相信那位员工经过组长的这番引导，已经能够具备独立思考的意识，并慢慢地学会自主创新了。事实上，我们在工作中何尝不是这样呢。接到领导分配的任务后按部就班，循规蹈矩，一旦遇到问题便马上寻求领导、同事的帮助，直白点说，这样的我们亟须“换脑”，因为我们缺乏独立思考的意识和能力，如此又怎么实现创新呢？

企业需要的不是只有躯体、没有脑袋的机器人，那些遇到问题缺乏主动性和积极思考的员工，也不可能拥有更宽的职场路。所以，我们有必要主动“换脑”，这同时也是激发自身创新潜能的关键。就像案例中的那名员工一样，正是在组长的一次次“逼迫”下才自主地想出了三个解决问题的方案，若没有“逼迫”，就没有自我激发的过程，也就不会有想出方案的结果。

这就要求我们在岗位上也必须时时有意识地“逼迫”自己，主动去激发自己的潜能，为自己“换脑”，这样才有成为创新能手的可能。

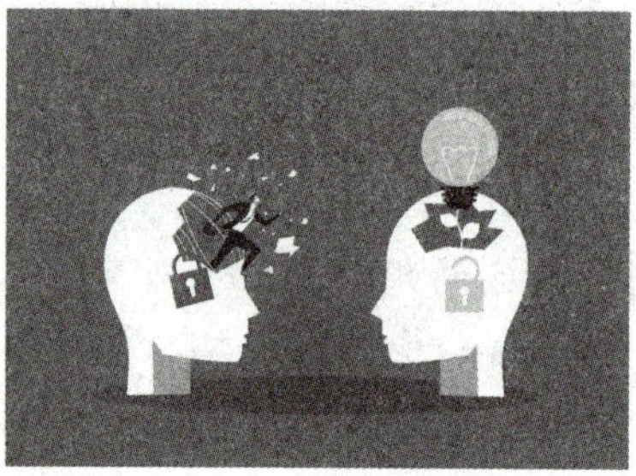

在日常工作中，很多员工面对困难会习惯性地做出避让动作，不善于换思路、找方法，这样的人就在我们身边，甚至于就是我们自己。通常来看，一旦进入以下几种员工的行列，就必须及时“换脑”。

“黄牛式”员工

这类员工任劳任怨，埋头苦干，一心耕耘，除了照常工作，甚至周末也会加班。这是一类勤奋的员工，可也因为过度勤奋而不懂变通地、创造性地工作，宛若老黄牛一般一根筋地卖力工作，费尽千辛万苦可能只有很少的收获。他们总是付出很多的血汗，却不主动寻找更省力、效率更高的解决办法，在工作中难有突破。虽说这类员工也极为难得，毕竟他们足够勤勉、足够踏实，但从创新的角度来看，他们多半会使出最大的力而出最小的成绩。因而一旦迈进这类员工的行列，必须及时反省自己。

“毛毛虫式”员工

这类员工与“黄牛式”员工一样只懂得循规蹈矩地工作，有着极重的“从众心理”，盲从且短视，好像自己的一切行动都只能听命于他人，始终跟在别人身后，在工作中难以做出亮眼的成绩。

曾有科学家做过实验，把一些毛毛虫首尾相连地围在花盆的边缘，在花盆附近放上一些它们喜欢吃的松叶。可是，这些毛毛虫没有一个会改变自己的行进路线朝松叶爬去，它们只会亦步亦趋跟着前面的毛毛虫，围着花盆一圈圈地爬，直到精疲力竭，饥饿而死。

我们在工作中是不是也有这样的经历？面对问题时双手一摊，不懂得求新求变，最终画地为牢，亲手扼杀了自己的创新思维。优秀的员工应善于改变自己，能够激发自身的创新潜能，把小机会变成大机会，在他人还围着“花盆”不停地绕圈时，早已另辟蹊径，成了佼佼者。

“鹦鹉式”员工

我们都知道一个成语叫“鹦鹉学舌”，它是用来比喻跟着人家的话说，或指只会学舌的人。他们的特点是善于模仿，拙于创造。每个岗位上都有这样的员工，听从上级的指示，却听不懂“弦外之音”，机械地、重复性地遵照前人的经验工作，不善于借助自己的聪明才智为企业的发展提供助力。一味地模仿虽说会避开一些险滩激流，却很难见到更美的风景。而且盲目的模仿会严重阻碍自己的职业发展，距离成功越来越远。

“恐龙式”员工

众所周知，恐龙这种动物曾称霸地球，虽说至今也没有找到它们灭绝的根本原因，但有一个原因却不容忽视——当环境发生变化时，长期生活在安逸环境中的恐龙因严重缺乏应对能力，难以适应自然环境的骤变，继而灭绝。

在职场上，就存在着不少“恐龙式”员工。这是一个安于现状、不喜改变、缺乏创新精神的群体，无论外界环境和周围环境如何变化，他们始终自欺欺人，不愿意承认这种改变，遇事还是那套老旧的做法，这又如何适应不断变化的时代呢？优秀的职场人都应该清楚“唯一不变的就是变”的道理。所以有必要时时冲刷自己的大脑，改变心态、转变思路，积极应对一切变化和未知的变化，这样才能转危为安，从被动变为主动。

“跳蚤式”员工

我们都知道跳蚤被罩在玻璃罩里，“碰壁”几次后，即便取下玻璃罩，它们也很难跳出更高的高度，这是因为它们丧失了自信心，自身的潜能也被扼杀了，失去勇气的它们是无法突破这种心理瓶颈的。

很多职场人也是如此，在工作中往往会“自我设限”，遇到困难，尝试几次发现解决不了便开始质疑自己的能力，或者某项任务失败后开始自怨自艾，给自己“定低位”、贴标签，觉得自己能力有限，难以达到更高的层次，这自然对激发自身的创新潜能无益。我们必须设法摆脱这种“心理限制”，从而拓宽自己的职业空间。

“机器人式”员工

顾名思义，这类员工思想和行为只有被输入对应的“指令”才会相应地“运转”，绝不会主动去做或多做一点。这样的员工随遇而安，可能不会出什么大错，但绝对不会为企业带去丝毫新鲜感，创新于他们而言更是奢侈品，所以这同样是我们要逃离的“圈子”。

总的来说，上述各类型员工都广泛地存在于职场之中，他们的存在恰恰为我们敲响了警钟——如果想激发出自己的创新潜能，就要剔除身上所凸显或隐藏的与上述各种员工的特质相仿的部分，如此才能具备积极的思维能力，拥有无限的创造力。

第六章

博采众长——让点子“燃”起来

每个人都不是独立存在的，思想也是如此。在岗位创新上，我们应该集思广益，发挥众人的力量，让所有想法、观念和力量集合起来，如此就能产生难以估计的能量。

1. 创新不是单打独斗，而是“抱团取暖”

有这样一个观点：创新不是某一个人的选择，而是人类的共同选择。创新在人类社会发展中所起到的作用不言而喻，这实质上是全人类共同努力的结果。我们每个人在推动社会变迁和发展中都会或多或少起到推动作用。就像人类发明了各种交通工具，是因为群体性的需求。

从这个层面来看，创新不再是一个人的单打独斗，它需要团队的参与，需要他人的帮扶来实现你的创意。换句话说，创新不能依靠单打独斗，它必须在开放、合作、共享中才能实现。

从科技领域来看，随着人类在技术层面所掌握的知识和深厚的积累，留给我们实现颠覆性创造的空间越发狭窄，通过个人创新实现科技变革的可能性也几乎不复存在。在现实场景中，可以变为现实的创新更多的是由团队来实现的，因为一个创意的产生容易，但要把它变成现实，中间要经过很多道工序，这些工序并非一个人可以实现的。

无论是任正非、马斯克等一类人们耳熟能详的创新人物，还是很多拥有个人创新工作室的创新劳模，真正把他们的创意以及创新理念贯彻执行的依然是团队。事实上，创新从来都不是突然性爆发的新想法，上文提到的一些案例中描述的创新型人物提出一个新的创意后会改变自己的职业生涯，或帮助企业实现盈利的背后，实则是团队的协同作战，从想法到产品上市，这个过程并不能省去。

奥斯特洛夫斯基说，不管一个人多么有才能，但是集体常常比他更聪明和更有力。

小米联合创始人、小米总裁林斌说：“大家认为小米的成功，就是因为小米的市场营销、推广做得好，我觉得这其实是对小米最大的一个误解……其实从创办第一天起，小米要做的就是一家科技公司，小米的成功，就是因为有一大批敢于创新、乐于创新的工程师。”

小米的产品研发周期很长，一部手机需要12—18个月，业内普遍都觉得小米的研发时间过长，这是因为小米会与处理器、屏幕和相机等厂商深度合作，并涉及诸多算法优化，在功能上，从系统成件到相机功能调节，也是由小米工程师深度参与其中，与各厂商一起去做的。

比如“边缘触控”。最具创新精神的研发团队会协同作战，对屏幕构造做精密的技术改进，并进行复杂的程序算法，得益于每一名团队成员的共同努力，才有了用户在拍照时只需轻轻点击边框便能按下快门、截屏以及快速清理内存等快捷操作的体验。

小米拥有一支庞大的创新团队，这才是它获得成功的根本原因。在现如今这个分工明细的时代，从岗位创新的角度看，没有哪项工作是绝对独立的，都要依靠团队的力量来完成，“孤胆英雄”早已不能在职场中生存了。所以，在必要时刻，我们必须学会借用他人的力量来完善自己的工作。

俗话说，一个篱笆三个桩，一个好汉三个帮。纵然你才华出众，但时间和精力终归有限，不可能靠单打独斗开辟一片广阔天地。一位企业高管说，最好的CEO是通过构建他们的团队来达成梦想，即便是迈克尔·乔丹也需要队友来一起打比赛。战斗力再强的人也有疲惫的时候，创意再牛也需要他人的帮扶才能最终实现，所以必要的配合与协作，总能让你事半功倍。

有一家公司招聘高层管理人员，初试之后有9名应聘者从上百位应聘者中脱颖而出，进入了复试环节。

复试由公司老总亲自把关，他在看过9个人的初试成绩和个人履历后十分满意，但这次只会招聘其中3人，于是老总出了一个题目。他把9个人随机分成三组，第一组去调查当地的婴儿用品市场，第二组去调查妇女用品市场，第三组则去调查老年人用品市场，并解释说："我们录用的人员会负责市场开发，所以必须对市场有敏锐的观察力。让你们去做各项调查，就是为了知道你们对于新行业有怎样的适应能力。所有小组成员都应当全力以赴。"

等大家刚要走时，他又说："为了避免大家在调查时一头雾水，我已经为你们准备了相关的行业资料，走之前到秘书那里取一下吧。"

两天后，三组人员交上了各自的调查报告，老总看完之后与第三组的三个人一一握手，并正式通知他们被公司录取了。其他两组的成员都很疑惑，老总笑着说："大家可以打开我让秘书给你们的资料，相互看看。"

原来，所有人拿到的资料都不同，第一组的三个人拿到的分别是当地婴儿市场的过去、现在和将来的分析资料，第二组的三个人分别拿到的是当地妇女用品过去、现在和将来的分析资料，第三组的三个人分别拿到的是当地老年人用品市场对于过去、现在和将来的分析资料。老总继续说："第三组被录用的原因，就在于三个人相互借鉴了对方的资料，如此便弥补了自己分析报告的不足之处，对过去、现在和将来的市场情况也有了更全面的了解。我出题的目的就在于考考大家是否懂得团队合作。任何拥有创新精神的团队都将无往不胜，而只会单打独斗，表现个人英雄主义的人是无法在职场上获得成功的。”

第三组之所以被录取，就在于他们善于借助他人的力量为己所用，完善了自己。我们必须要清楚一点：众人拾柴火焰高，多人的合力永远强于个人。那些声称靠自己就可以解决所有问题的人，到头来只会一败涂地，因为就算他的思想再具活性，也不可能面面俱到。

人是群居性动物，唯有学会与他人合作，把自己的资源分享出去，并共享他人的资源，才能让一个完美的创意像滚雪球一样越滚越大，最终为所有人带去福音。

在工作中，消除单打独斗的思想、培养“抱团取暖”意识，我们可以采取以下几个办法。

第一，创意碰撞。工作之余，不妨与同事们坐在一起就某个工作中的难题展开讨论，让每个人都强制性地贡献出几个不同的解决办法，并探讨这些办法的可行性。甚至可以推翻所有的办法，从更多的角度重新思考、探讨。这个过程未必是持续性的，可以在生活中继续展开联想、深入思考，待下次谈论时再做定夺。运用这种方式，我们通常会有惊奇的发现：原来针对一个问题，竟会有如此之多的解决办法。

第二，确保创造的灵活性。综合包括自己在内的所有人的观点，找出异同，随之确立一种科学的方法，让其更具有系统性和可复制性，待遇到同类问题时便会有迹可循。

第三，建立一种具有包容性的机制。无论是上司还是专家，他们的观点在这样的机制中只作为一个观点存在，不影响自己和他人对事情的判断和建议，不管观点从何而来，都要使其处在公平、合理的位置。

2. 敢于挑战，勇做创新先锋

海伦·凯勒说，人生要不是大胆地冒险，便是一无所获。在创新上，同样需要这种锐意进取的精神。当然，这种冲锋在先并不是倡导我们崇尚个人英雄主义，而是在团队中的敢于挑战，意味着我们应该拥有带动同伴一起为创新蓄力的精神和举动。

在团队中，每个人都是不可或缺的一员，个人的特质恰恰可以弥补团队的缺陷。当然，在任何团队中，不可能每个人都是先锋官，但只要扮演好自己的角色，共同为团队创新发一分光、献一份力，也同样与有荣焉。

在中国装备制造业历史上，有一支能够挑战世界的“王牌军”——她们是由来自沈阳鼓风机集团的5名女设计师组成的年轻创新团队，号称“五朵金花”，她们分别是王英杰、王广兰、张玉珠、葛丽玲和严鸿。

在一个周末，设计一室主任让王广兰去办公室做一家公司的技术报价，但对方要求很高，主任说了句“你试试看”后便走了。一瞬间，出现了一个大难题，这项技术在当时的国内还没有做过，王广兰压根不知道4万分压缩机长什么样。

王广兰拿着初步数据方案与对方见面后，忐忑地说：“如果你们相信我们，就请把一切交给我们，我们会去国外买叶轮。”对方一听，什么都没说就走了。王广兰很不甘心，她开始重新研究方案。不过刚做出新方案，就听说对方已经打算与国外一家大公司合作了。

王广兰和王英杰马上乘车赶往对方的工厂，希望他们可以重新考虑。对方只说会考虑一下，可几天过去了也没有回音。王广兰思前想后，有了主意，她找到对方说：“国外有业绩，沈鼓（沈阳鼓风机）没业绩，但国外的设备是从下往上摞起来的，一旦出故障就要拆整机。我们是平铺在地上的机组，哪里有故障就修哪里。”

对方回答：“你们没业绩，不是把我们当成小白鼠了吗?”此后的几天时间里，王广兰一再为对方解释设计，还不断把自己的方法与国外的进行对比，并把国外的机器在下雨天容易受损，而沈鼓的机器可以及时排水的对比一一告知对方，但对方还是表示不愿冒险。

一次次失败，一次次尝试，创新的信念支撑着王广兰。最终，对方终于松口，与沈鼓签订合同。接着，王广兰、王英杰、张玉珠、葛丽玲、严鸿组成攻关小组，分工协作，在当时国内没有复杂的仪表系统、不知道大控分压缩机的图纸为何、如何让两台机组平稳运行等艰难的环境下，找到了最适合的数据并完成了图纸设计。

当4万分的压缩机组平稳地度过试车极限，便结束了中国大型空分压缩机依靠进口的历史！“五朵金花”不但在技术上实现了创新，更集合团队的力量为国争了光！

团队的力量是无穷的，一个具有创新精神的队员会带动全体成员在创新上深耕细作、阔步向前。团队可以影响个人，个人的精神也会感染整个团队。一个敢于接受挑战，不断创新、不断学习、不断完善的人，总能影响他人、带动他人，继而促使整个团队迸发出更大的能量。

罗曼·罗兰说："人生是一个永不停歇的工厂，那里没有懒人的位置。工作吧！创造吧！"无数的事实早已证明，只有敢于挑战、勇于创新的人才能在职场上开拓出一片属于自己的天地。这样的人拥有一种难得的"匠人"精神，专注、细致、永不言败、善于打破常规，在他们的意识中，创造是每个人都应具有的普遍特质，所以也理所应当借助这种特质去影响他人、改变他人，进而创造一个全新的自我。

"技术攻关，我们就在现场；技术创新，我们永远在路上。"这是黑牡丹（集团）股份有限公司技术总监邓建军的"座右铭"。

20世纪80年代，19岁的邓建军中专毕业后进入黑牡丹集团，成了一名电气维修工，与另外两名同事担起了维修养护设备的重担。

当时，降低染浆停机损失是所有同行面对的共同问题。为此，他和同事们想出多种解决方案，后经过多次验证后打破了染色换轴必须停车的传统生产方式，可以不停车地连续生产。

尝到了创新的甜头后，邓建军的内心种下了创新的种子。他与企业一路成长，也从技术工人成为创新团队的领头羊——1998年，他组建起"电子组"，次年更名为"邓建军科研组"，2009年建成"邓建军劳模创新工作室"，2012年又诞生了"国家级技能大师工作室"，现已成为省级、国家级示范性劳模创新工作室。

他说："团队创新氛围很好，大家常常围绕一个技术环节或一个故障根源，进行讨论与分享，形成合力，实现创新发展。"

2014年，邓建军与团队成员一同设计了一种自动化料系统，历时两年的研究，实现了计算机自动控制完成集中化料，也让同品种因多缸调料产生的色差现象不复存在。

对于创新，邓建军有自己的理解，他说：“核心技术永远是买不来、讨不来的。创新就是要敢想敢做，要与时俱进，将不可能变为可能。”

2019 年，邓建军的团队遇到了一个新难题——由于国内外纺织印染行业片状染色联合机上的氧化方式采用的都是传统导辊上下环绕方式自然空气氧化系统，所以会导致染色浮色过重、色牢度不稳、后工序水洗时耗水耗气等问题。

为了突破这一技术难关，邓建军和团队成员耗时一个多月反复实验，成功破解了难题。而为了改变传统化料费时费力费料以及环境无污染等情况，团队更是历经 10 个月的实地调研和两年的悉心研究，成功完成了集中自动化料系统的投运。

近些年，邓建军团队重在培养高技能人才，他说：“我们持续培养复合型维修技术人才，一方面吸纳众多专业技术人才加入工作室，通过复合型的人才结构，不断强化工作室整合智力资源推进技术成果转化的能力；另一方面，开展‘名师带徒’结对活动，通过项目攻关锻炼人、培养人，通过传、帮、带和手把手技艺传授，传出智慧、帮出成长、带出文化。”

在创新上争当先锋，也会带动团队成员朝着一个目标共同努力，大家拧成一股绳，也就更容易实现创新，达成目标。

同时，每一次创新也都是一次挑战自我的过程，唯有敢于向未知发起挑战，才能冲破束缚、突破自我、拥抱未来！

3. 平台是创新的“展台”

任何形式的创新都离不开平台，建立在平台上的创新才有更大的发挥空间，从而促使创新发挥最大效能。

个人创新是创新之基，不过创新活动的复杂性、多样性和风险性，决定了个人创新很难在纷杂的环境中长久地生存。在岗位创新上来说，个人创新若不能有效地依靠平台，即与组织创新步调一致，是较难真正落地，创造价值的。

这很好理解，个人的能力始终有限，思维也容易出现僵化等情况，更会一不小心走进死胡同，因而疏漏和缺陷往往显而易见，因此，一个适合创新的平台就显得至关重要。不管是个人创新的小平台，还是企业创新的大平台，平台即是创新的“展台”，可以让一切创新想法和活动尽情显现。

杭州高新技术产业开发区（滨江），是一个为很多创新想法提供展示机会的超大平台。原本的钱塘江边的滩涂田野，散落的是水泥建材、农业等传统产业，而后政府开始大力支持创新，还曾授予印度最大的软件服务出口商——塔塔杭州研发中心50万元的管理创新奖，奖励其成为中国第一家同时获得CMMI和PCMM（全球最高级别的软件开发与人力资源管理认证）五级的企业。

杭州政府所搭建的这一大创新平台，采取各种方式鼓励企业创新，并为各个企业提供各种创新机会。

一位领导曾说，高新区要当建设“数字浙江”的排头兵、打造“天堂硅谷”的主战场。硅谷的成功靠什么？靠创新。提高自主创新能力是转变经济增长方式的中心环节，也是高新区的灵魂，通过服务创新、管理创新、制度创新，营造一片创新的土壤，这样才能促进企业技术创新。而创新的平台，我们要提供，企业也要提供。只有这样，创新才能更见果实。

平台永远是个人和企业获得源源不断的创新动能之源，借助于平台，企业可以在经营管理、服务、制度、人才等各个方面实现创新，有了依托，也就有了保障。

这是一个创新的社会，任何企业或个人想要发展都必须依赖创新，而一个企业或一个人的力量始终有限，正所谓“单丝不成线，孤木不成林”，要想有更大的发展，就有必要融合更多的力量，这样才能真正地实现创新，创造价值。无论何时，创新都要依托于平台。

若把创新看成是整个人类社会不断发展的动力，那么完善的平台是孕育机会和提供机会的土壤。

在工作中，员工要想实现创新，让脑海中的构想落地，也必须借助企业这个平台来实现，就像企业有了创新点，需要依托更大的平台来实现一样。无论从哪个层面讲，只有借助平台才能更好地实现创新，把点子变成金子。

近些年，许昌烟草机械有限责任公司结构件车间立足于创新工作室这一平台，不断鼓励和激发员工的创新热情，希望他们在创新形式和创新内容上有转变、有突破。依托于这一创新平台，结构车间的很多员工都燃起了极大的创新热情，几年时间里一共提交了60余项创新成果课题，累计解决了40多项生产加工难题，并制作了10多种生产专用工装。

2021年11月9日，创新工作室的成员开始探讨YJ36B柔性装盘机零件分流块的加工工艺和成型方法，最终通过对零件拆分方法和成型方法的改变，促使这一零件从最初的铆工圈制改成折弯机折制成型，提升了零件的加工精度与外观质量。

毋庸置疑，工作室成员能够实现这一创新，是依托于团队成员的共同努力。从某一角度来看，团队所在的地方就可视为平台，在这样的平台上，个人的点子或构想会在其他成员的帮扶下从稚嫩走向成熟。反过来说，当团队共同面对某一难题时，大家也会集思广益，形成更多的思维碰撞，从而更快速、高效地解决问题。

在营销学上有一个“1990理论（法则）”，即某一事情的核心发起人通常是1个人，而后有9个人作为核心人的“思想受众”，并由此产生深刻的认同感，继而形成统一的目标。其余的90人则作为跟随人，并最终构建一个平台。在现代社会，个人与平台的关系是相互依存的，有了创新型人才，才会更容易搭建组织平台；反过来说，当平台组建完成后，个人的更多设想才有了实现的可能。

在个人依托于平台实现创新上，通常可以采取以下几种方式。

第一，立足所在领域，悉心寻找机会。

拥有更多的资源既是产生更多样化创意的基础，也是把创意变成现实的关键。员工要立足于所在领域，精耕细作，在自己的岗位上发现机会，利用自身所积累的行业经验和资源在解决现有问题的同时，努力发现新问题，提出新方案，从而逐步提升自我、完善自我。

第二，融合资源，组建内部平台。

这更像是创建个人创新工作室，但前提是提出创新性课题，且这种课题具备可行性，能通过合理步骤转化为实实在在的价值。当构建其属于自己的创新工作室后，便要一方面解决“高精尖”类问题，一方面对现有工作模式甚至制度提出新的想法，在借助平台实现创新的过程中反哺平台，让个人与平台共同成长。

第三，善用平台中的人力、物力。

我们在工作中遇到难题，除了独立思考之外，也应学会“善用”平台中的一切人力、物力。平台是展现创新、实现创新的舞台，但个人势单力薄，好比平台流水线上的一颗螺丝钉，要组装一台庞大的“机械”，就有必要让更多的“螺丝钉”参与其中，各司其职。正所谓“术业有专攻”，一些设想对我们个人来说很难实现，可放在平台上，或许会变得轻而易举，这得益于平台上集合了更多的优势资源，包括人与物的资源。因而，学会“借力用力”，才能事半功倍。

个人创新的发生与实现离不开平台，我们渴望自己的创新思想能够指导具体的工作，就有必要立足于平台，集合更丰富、多样的资源为创新服务、为创造服务。

4. 个人创新推动团队创新

一些企业对于员工创新往往有所保留，因为创新需要投入一定的时间和精力，所以企业生怕员工因此而耽误工作。事实上，即便会因为创新占用一部分时间和精力，可一旦成功实现创新，就会自然地推动整个团队的创新，最终会为企业创造巨大的价值。

全国五一劳动奖章获得者、中国有色金属行业金属材料高级工程师、江安经济开发区宜宾光原锂电材料有限公司生产总监徐斌，是一个拥有不断革新创造精神和勇于承担创新重担的人。

47 岁的徐斌是甘肃兰州人，1998 年参加工作，2010 年被聘为中国有色金属行业金属材料高级工程师，长期致力于锂离子电池材料的研发及产业化工作。

在工作中，他坚持一边生产、一边技改、一边培训的原则，克服了很多设备上的难题，将产能提升了将近三倍。他说："我们从成本这一块入手，把水电气消耗控制在最小范围之内，提升了金属回收率，既大大降低了生产成本，又增强了产品的盈利能力，提高了产品附加值。"

而面对生产线人员不足、设备异常状况频发、员工技术欠佳以及生产工艺不稳定等各种问题，他会一连数月加班深入生产现场，亲自培训新员工、与技术人员一起革新技术并做设备的升级改造，持续地提升着生产效率。

数年间，徐斌先后获得甘肃省科技进步一等奖，三次甘肃省科技进步二等奖和中国有色金属行业科技进步二等奖，共取得了 2 件发明专利、4 件实用新型以及 5 件软件著作权的成果。

一位同事说："徐总在工作之中对我们要求比较严格，总是要求我们要深入一线去寻找问题解决问题，他也是经常深入一线，对我们做一些指导，他对新员工培养非常重视，在科研上比较务实，解决问题总是亲自去抓，他是我们学习的榜样，学习的标杆，是我们公司的领军人物。"

在他的带动下，公司的科研团队成员也都纷纷在创新上鼓足干劲，与他一样持续发扬老一辈科学家严谨创新的科学态度、为科技事业奋斗终身的豪情壮志，坚定不移地扎根于生产一线，埋头苦学新的科学文化知识及专业技术知识，力争成为团队中的知识型、技能型、创新型人才。

俗话说，火车跑得快，全凭车头带。在干事业上领导身先士卒，员工也会更有干劲，更容易齐心协力朝着同一个目标努力。而一个团队里有人在创新上带好头，也会在不知不觉间带动其他成员逐渐养成创新意识，并形成创新习惯。

个人创新与团队创新总是相辅相成的，且个人创新总能带动团队成员变得更积极、乐观，并慢慢地打破常规，开拓进取。

团队中的每个人都是一座无穷的宝藏，他们的每一个想法、面对问题的每一个意见或建议，都会为团队创新提供一份力量。“一人计短，二人计长”，这句话充分表明了团队的力量和智慧是无限的，也从侧面表明了个人创新最终要归于团队创新。

郑州纺织机械股份有限公司总经理汤其伟说：“如果企业不创新，不能生产出让客户满意的高质量产品，这个企业就没有生路。”这成了他始终坚守的一个信条。

他最开始从设计干起，一路升任为设计室主任、副厂长、总经理、党委副书记，依托于开拓创新的信念，他为企业的发展做出了巨大贡献，也成为全国纺织行业的劳模。

在创新路上，他有各种各样的收获：参与研制的FA142型单打手成卷机荣获中国纺织总会科技进步三等奖、主导的FA224型梳棉机获省科技进步二等奖，凭借出色的表现，他本人也被评为中纺集团十大杰出青年。

个人的荣誉源于团队，汤其伟从不忘推动整个团队的进步。在他的积极推进和倡导下，企业开设了梳棉机总装线，短期内从月产量8台增长到300台。之后，因为化纤市场一度不景气，企业的经营出现难题。汤其伟临危受命，担任公司总经理，根据市场情况提出了“化纤突围，棉纺增量，做强浆纱，多元发展，以诚为本，以德兴企”的创新经营策略，与团队成员合力迅速将企业拉出了经营泥潭。

在他的带领下，公司上下一心，以创新为核心，使得各类产品齐头并进，在经营开拓和技术创新层面屡出奇招，为企业的长足发展夯实了基础。

在个人创新层面，我们可以通过以下几种方式来激发自己的潜能。

第一，记录创新想法，及时复盘。

我们或许会有这种经历：偶然间产生的一个想法恰好能解决实际的工作难题。所以，不妨在生活中、工作中或与他人的交流中留心平时不会出现的念头，它们往往是充满智慧的蛛丝马迹。当我们能够把自己的各种“主意”形成类别，即系统化，再过一段时间，这些“主意”极可能会成为我们工作中的一个重要部分，甚至能够指导我们在具体实践中的一举一动。

另外，在复盘时，我们的重新思考又会产生新的火花，帮助我们形成更有变现价值的新思路。

第二，多问自己“为什么”。

孩子因为满脑子的疑惑得到了解答，从而变得更有求知欲，大脑活性也随之变强，并更具创造力。我们也是如此，在工作中即便解决了某些问题，也不妨多问自己几个“为什么”——比如为什么要这么做？是否可以那样做？不明确和得不到答案的问题，会激发我们的创新潜能，从而产生新见解、新点子。

能够创造巨大价值的人通常都能透过表象找到真正的问题，他们会深入探究背后的一切，这个过程便会为其创新思想赋能，继而获得更多的创新性见解。

第三，表达自己的想法。

不管你产生了什么样的想法，都要及时表达出来。独处的时候可以大声说出来，在团队之中时便要说出来与其他人探讨、研究。我们常有这样的经历：自己产生某个想法后，还没有经过接下来的深入思考，便会草草地自我否定。这是“自我审查”机制在作祟，会不自觉地将一切荒诞、不切实际的想法从心底剔除。殊不知，剔除的这些想法却蕴含着难以想象的创造力，它们越是“伪装”得离奇，就越具有巨大的创造力。

第四，怀有强烈的创新渴望。

对未来充满乐观的期待，就会因为眼前的不足而持续追求，这便会发挥出创造力。就像很多发明家一样，他们总是希望一件事有更好的解决办法。比如系鞋带时，善于寻找便捷方法的他们便想到了带扣、按扣、磁铁等；炒菜时不想擦拭黏在锅底的菜叶、调料等，于是就有了不粘锅涂料。这一切都建立在对现状的“不满”上，因而我们在工作中也应当抱持这种态度，毕竟循规蹈矩、按部就班是不折不扣的扼杀创新思维的“刽子手”。

第五，不同的思考方式。

多年的生活和工作经验让我们养成了固定的思考方式，比如有的人习惯于比较分析法来思考问题，在面对某一问题时，会思考正反两个方面，做完比较，权衡利弊后选择其中一个方向；也有的人惯于采用形象思维法，比如把问题制作成思维导图，让自己对问题的各个方面做到一目了然，继而找到解决之道。而岗位创新要求我们善于交替使用各种思考策略，面对同一问题进行多角度的思考，举一反三，以求突破。

第六，让创新性想法变成现实。

再多的理论都比不上实践有价值，检验想法能否创效的唯一标准便是实践，若不设法实施，让想法落地，再好的创意也会消失不见。同时，在实践的过程中要持之以恒，不能因为短期收不到预期效益而轻言放弃，那会让我们与成功失之交臂。

综上所述，可以看出个人创新只是方法的展现，谈及创意“变现”则绝不能离开团队的支持。个人创新与团队创新是“你中有我，我中有你”的关系，且相辅相成、互为依托，个人创新会推动团队的创新行为，继而推动企业的永续发展。

5. 借助沟通，实现灵感碰撞

在任何一个组织中，沟通都是极为重要的一件事，巧妙的沟通会让人产生愉悦的情绪，释放心理压力，会强化沟通效果，而后便会自然而然地产生许多奇思妙想。在一个团队中，成员之间的有效沟通可以完美地实现“1+1>2”的效果，并且这本身便是一种创新的举动，会激发彼此的灵感，穿透思维的“墙”。

沟通的意义和作用不言而喻，它会让各方信息不断流通，从而改善关系，促进工作，提升效率。在岗位创新上，增强人与人之间的沟通、人与团队之间的沟通以及团队与团队之间的沟通，互通有无，激发无限创意、实现灵感碰撞，势在必行。通过沟通，团队协作能力会获得大幅度提升，员工之间的合作精神也会更强。而通过这种有效沟通，成员之间会由单向输出变为双向、多向互动，每个人都会因此凸显优势、获得成长。

某公司的总经理是一个特别看重员工之间的沟通和交流的人，为此他特地做出了一项创举——把公司餐厅的四人用小圆桌全部换成了长方形的大长桌。这样做的目的，就是一改四个熟人长期坐在一起，不与他人沟通交流的现状。有了这一改变后，他发现彼此之间陌生的同事开始有了交流，比如研究部门的同事会和营销人员坐在一起谈心得，广告策划部门的同事也会与生产制造工程师讲文案，这一改变，不但让原本略显“死气沉沉”的团队更有凝聚力，也促使团队成员之间可以“跨领域”交换意见，各取所需，在这样的启发中，每个部门都有不同以往的新点子、新想法。

立足于岗位创新层面的沟通会带来更多奇妙的想法，这些想法摇身一变就会成为指导工作和生活的充满智慧的法则。那么，我们如何才能通过沟通持续地产生灵感，或者说更多奇妙的想法呢？

首先，我们要有一个足够开放的心态，渴望通过某种沟通交流有所收获，并且是那种可以明确地对工作有指导意义的收获。这一点至关重要，因为有些员工在沟通中漫不经心，甚至对什么都一副不在乎的样子，这又如何能有收获呢？需要说明的是，我们这里所说的沟通带有一定的目的性，即有着强烈地想获得某种收获的意愿，而不是单纯的日常交流。

其次，开展多样的沟通形式。可以是多人聚会，也可以是读书会、演讲会等，这种活动常常会确立一个明确的主题，众人积极参与其中，针对主题各抒己见，会极大地避免大家坐在一起无话可说的情况。当大家开始沟通时，我们就可以针对其中的某个细分主题或观点发表自己的看法并倾听他人的意见。

这类沟通重在真实，我们必须没有戒备地说出自己的内心实感，在参与的过程中，就会有突然冒出一个想法或念头的情况，及时捕捉它并深入思考它，让它变得成熟、完善，因为它很可能是一个难得的灵感。

倾听的重要性显而易见，表达是输出，倾听则是输入。团队成员的思维方式和思考逻辑不同于你，那恰恰是你可以从中汲取的养分，在别人表达时获得的启发，同样是重要的灵感来源。

最后，把所有的感受一一记录下来。记录一个个想法或一闪而过的念头，有助于回过头再复盘时回想起当初的思考模式，进而重拾念头，获得灵感。而把通过与团队成员沟通交流之后获得的心灵感受记录下来，包括对某个人的一句话或他的观点的感受、心得记录下来，也同样会带给人全新的体验。

每个人都是独特的，也是社会性的动物，只有与他人产生连接，才能发挥出个人的独特性，也能因为彼此身上不同气质的碰撞产生灵感。

有一个知名的设计团队，其中的每一名成员都是来自不同领域的专家，比如工程师、工业设计师、绘图师、广告设计师、人类学家、心理学家以及与产品领域的专业人士。他们在团队中各司其职，并做到了互通有无，在工作过程中通过实时地交流碰撞出了新的思维火花，从而共同为完成一个课题或项目贡献自己的一份力。

比如，人类学家凭借自己的双眼去观察产品的目标客户，偶尔还会与他们一起生活，并逐一记录他们的生活习惯、个人爱好等；心理学家则会针对人类学家形成的各种记录做深层次的心理分析，力求把客户对于一件产品存在的可能连自己都不曾意识到的深层需求挖掘出来；工程师要负责的是总结新产品的特质和性能，而后工业设计师与绘图师针对产品的突出特点，设计出外观符合大众审美且实用的产品模型，并进行样品投产；当试制成功后，广告设计师会向消费者展示这款产品的特殊之处。

这个团队在创新过程中环环相扣，紧密相连，能够做到这一点，有赖于彼此之间无障碍的沟通交流。更关键的还在于，在沟通的过程中，他们很容易会产生新的灵感，从而不断完善自己最初的构想。

沟通交流的最大价值和意义，或许就在于纠正自己、弥补不足，做到了这一点，就等同于获得了一个新的思考方向和结果。沟通不单单是信息的交流，更是心灵的互通。真正的有效沟通必然会产生预期或超预期的效应，因为这样的沟通总是充满真诚和善意的，能够消除沟通双方（或多方）内心的隔阂，从而让双方（或多方）更加坦诚，更加敞开心扉，在这种环境下的沟通会激发出人们更强的创造力。

沟通在激发灵感和岗位创新中的作用是多方面的，但着重表现在以下三方面。

第一，借助沟通，个人与团队的决策会随时发生变化。这种变化是趋向于利好方向发展的，比如最初个人或团队做出了一项决策，但经过沟通之后，意识到自己的决策并不是最明智和正确的，从而便会改进方案，甚至完全推翻重来。虽然看起来花费了更多的时间，但由此产生的新决策却会事半功倍，且有收获更大成果的可能。

第二，借助沟通，团队成员在工作中上会更加步调一致。企业中的各个部门之间都是相互依存的关系，不可独立运行，而这种依存性越大，就越需要部门与部门之间建立良好的沟通，沟通是最好的软化剂，它会强化各个部门成员之间的意见往来，即便偶尔出现争执也不会影响部门关系，且争执往往更能使彼此的交流产生超预期的价值。久而久之，整个团队成员因为沟通而彼此“熟悉”，就可以更有效率地推进工作了。

第三，借助沟通，让人际关系和组织氛围更和谐。我们都知道，环境越舒适、和谐，人的防备心理越弱，也就越放松，此时更容易激发自身潜能，创造力也会更强。沟通便是可以改善人际关系和组织氛围的“调和剂”，它会让团队成员之间消除误解、隔阂以及猜忌，从而使得众人心往一处想、劲往一处使。

试想，一个团队中的成员之间整日钩心斗角，尔虞我诈，当面对同一个问题时，还能做到勠力同心吗？还能坐下来一起为解决难题绞尽脑汁吗？即便被命令必须坐在一起商讨对策，大家也都会各怀心事，提议和想法也会显得苍白无力。

归根结底，沟通应该是心与心的交流，他会在沟通双方的内心深处架起一座桥梁。借助沟通，我们会把内心最灵动的想法呈现出来，而后与他人进行充分的“思维碰撞”，最终催生出源源不断的灵感和创造力。

6. 献言献计，助企等于“助己”

从企业的角度讲，员工更多地献言献计象征着企业在建设和发展上会有更长续的动力。员工参与到企业管理和决策的频次越高，表明企业的创新动力越强。这很容易理解，每个员工对于一项决策和方案都会有自己的认知和理解，当管理者善于集思广益，把更多的员工构想汇总，那么就更有制定符合企业降本增效的决策的可能。

在岗位创新工作中，员工的合理化建议在完善企业经营管理、制度改进等方面意义非凡，它也是岗位创新的一个重要方式。

个人的智慧是有限的，团队的力量是无穷的，个人献言献计会为企业注入新鲜的活力，而团队所拥有的智慧同样会反哺到个人身上，助力其具备更强的职业竞争优势。

成都公交集团运兴巴士有限公司开展了“我为企业安全生产、节能减排献策”的金点子活动，旨在广泛地从广大员工的合理化建议中找到能够进行技术革新，以达到提升企业技术水平，促进企业生产发展，同时调动员工劳动积极性和创造性的目的。

活动开展之前，公司以车队宣传展板、制度公示等形式向员工宣传这项活动的目的和意义。为了取得更好的活动效果，工会会收集各个车队所征集上来的各种来自员工的合理化建议，之后车队的负责人会把这些合理化建议进行整理、归类，交由公司领导审阅。接着，公司的评审委员会再度对具有价值及可落地的合理化建议做进一步的评估、审查，最后评出1个特等奖、2个二等奖和8个三等奖。而为了调动员工的积极性，还规定凡是参与的员工均会得到一份纪念奖。

活动正式开展之后，员工们积极参与其中，比如有的员工建议在驾驶员的岗位设置“金、银、铜方向盘奖”竞赛活动，这一建议已经被采纳并实施；有的员工倡议在全公司驾驶员岗位开展“争当安全文明驾驶之星”竞赛活动，也同样得到了认可。

据统计，在这项活动开展以来，一共收到了来自一线员工的300多条合理化建议，有些员工从企业的角度对安全营运生产、优质服务、节能减排等提出了合理化建议，有的则从自己的安全驾驶方面写了很多经验和体会。

有一个车队的驾驶员就提出了一项“金点子”：在公交车前右方安装下视镜，这样可以有效降低右转弯容易发生事故的概率。在乘客高峰期时，车的右前方会有近两米的驾驶盲区，没有下视镜无疑是“摸着石头过河”，会有很大的潜在风险。后经过高层领导谈论，他的这项合理化建议被采纳并实施了。

还有一名驾驶员提出，公司车辆在停运后若不及时关闭电源开关，会直接或间接地造成电器线路火险事故和电瓶损耗大、车辆电器设备老化等问题。于是，他提议增设“智能电源控制器”，当这一装置检测到车辆停运10分钟后，就可以自动关闭车辆电源，避免了潜在危机。这项建议同样得到了高层领导的认可，也很快实施了。

可以看出，该公司开展的这一活动成功地调动了员工的创新热情，使得企业能够获得比以往更高效的发展。从员工的角度看，他们的一个个创举也会为自己赢得“奖励”，更会激发个人创新潜能，提升职业竞争优势，可谓一举数得。

现如今，“献言献计”制度早已成为现代大部分企业所构建的或直接或间接的创新制度，直接即是某些企业成立了专门的员工建议平台，每个人都可以随时随地把更多合理化建议、改进建议或创新想法等提供到平台上供大家探讨；间接则是指一些企业虽然没有专门构建这种平台，却不妨碍员工的献计献策。总而言之，企业为实现长足的发展，离不开员工的智慧和创想。

而从员工个人岗位创新上来看，献言献计意味着更多的思考和探索，它要求员工调动更多自身具备的资源，并有寻求外部资源支持的可能，这一切都会促使员工在创新上下更多的工夫。最终，员工会因此获得个人创新技能上的提升，并为企业创造更大的效益，这自然是一种双赢。

每个企业都有独来独往型员工，他们可能不喜欢为企业献计献策，缺乏团队精神，不愿意主动与他人配合，更不会敞开心扉，展现自己的内心所想。他们更多的是自顾自地完成自己的工作，对除此之外的任何事情都提不起兴趣。

在岗位创新层面来说，我们应该避免自己成为这样的员工。一般来说，这样的员工大多有以下几个特征。

（1）学历较高，并获得了一些成绩，觉得自己“高人一等”。

（2）平时话不多，一旦说话会让人感觉到一种傲气，常常独来独往，在公司里朋友较少，甚至没有。

(3) 也会提出个人意见及看法，但却不允许他人指正，即便是领导也不放在眼里。当自己的提议被采纳后，会格外高兴，变得更骄傲；若被否定，则会满腹怨气，觉得任何人的方案和提议都不及他。

(4) 不善于与他人沟通，对于他人的意见，无论好恶统统不予理睬。

(5) 拒绝参加公司举行的各种集体活动，不喜欢与同事待在一起。

如果我们发现自己在工作中有上述某一点或几点特征，就要反思自己，因为独来独往并不利于强化个人职业优势，反而会极大地削弱原本已有的优势。缺乏与他人共享资源的意识，会导致自己变得自以为是，无法突破职场晋升瓶颈。

我们在工作中可以很容易地看到，那些能够在岗位上实现创新，在职位上获得晋升的人，总是在遇到困难时及时、精准地向别人发出求救请求，会借助团队的力量去解决难题，从而提升自我、完善自我的人。他们很清楚，为企业做出更多贡献是个人获得成功的必要前提，所以他们从不吝惜把自己的好想法、好点子贡献给企业。

浙江朗迪集团股份有限公司员工徐斌是一名工段长，在工作中他发现公司采用的传统模具注塑工艺平均一件产品会有0.13公斤的废料，而且产品质量会受到影响。当时正逢公司开展合理化建议活动，他便提出了改革传统工艺的举措。

公司采纳了他的革新建议，结果大获成功，新的模具工艺不再有废料产生，台班产量（机器设备单位时间内的产量）也从原来的1200台提升至1400台，合格率也比原来提升了3%，年产经济效益近270万元。公司实现了利润的增长，徐斌也一跃成为公司的技术骨干。

可以看出，如果徐斌是上文中的“独行侠”，就不会主动提出合理化建议，也就无法实现公司利润的增长，他也不可能成为技术骨干。在这一连串的变化中，最重要也最有价值的便是献计献策，是后续能够实现的开端。值得注意的是，我们为企业献计献策的初心不要放在个人获得更多奖励和职位晋升上，即便没有这种奖励，改进工作模式、提升工作效率也是自己的“创收”，当我们拥有更强的职业竞争优势，团队和企业自然会给予我们应得的回报。

7. 创新工作室——学习、共享与联盟

创新是推动发展的第一动力，谋创新就是谋未来。

在很多企业中，创新工作室都是以个人名字命名的，比如戴吉勇创新工作室、杜红涛劳模创新工作室等。也有一部分是具备创新精神的个人在企业内部组建的孵化创新人才的“基地”，归根结底，无论采取哪种形式，创新工作室的宗旨恰如其名——创新。

2019 年，中国二十冶工业公司齐麟轧钢 BIM 技术职工创新工作室成立，次年七月被中国二十冶集团有限公司命名为中国二十冶职工创新工作室，一年后又被上海市宝山区总工会授牌命名为宝山区职工创新工作室。该工作室目前有 14 人，都是在应用数字化技术手段对冶金轧钢工程施工技术做开发和 BIM 技术应用方面颇有研究的青年员工。

工作室的带头人齐麟，已经有 15 年的机电技术管理经验，

并曾参与宝钢、沙钢、宁钢、西澳等多项国内外工程的建设，被评为第十五届上海市青年岗位能手、中国二十冶技术专家。出自他手的专利和他本人获得的奖励众多，工作室成立之后，在他的带领下，在全体成员的共同努力下，工作室共获得授权专利38件，其中有22件是发明专利。

得益于肥沃的创新土壤，工作室的成员也个个奋勇争先，积极参与各类大赛，如获得中冶集团BIM大赛一等奖、中国二十冶集团复兴杯BIM大赛一等奖。

工作室采用传统的“师带徒”方式教授青年员工掌握BIM技术，包括建模、算量、有限元分析等。在工作室的“孵化”下，1人取得了一级建造师证，3人取得了二级建造师证，1人取得了BIM二级证书，7人取得了BIM一级证书，1人被评为2019年公司优秀青年员工。

有人则企，无人则止。人才，尤其是具有创新意识的人才，是每个企业都稀缺并渴求的。人才始终是企业发展的核心竞争力，而人才的驱动也是创新驱动的实质。所以，不断培养创新型人才是企业永葆活力、具备更强竞争力的重中之重。

创新工作室的出现源于社会的发展，是面对新情况、产生新认知的前提下必然要走的一步，更是应对新挑战、顺应新变化的必然选择。

而今，随着创新工作室的遍地开花，创新工作室跨界联盟，实现资源的互通有无和共享，由原本的单打独斗变为联合作战，业已成为创新工作室适应新时代发展的新形态。

截止到2018年，全国范围内共创建起7.2万家创新工作室，到2020年，这个数字达到了10万家，其中全国示范性创新工作室的总数达到了300家。有了如此庞大的创新基础，联盟、合作便是一件自然而然的事情。

2021年，安徽蚌埠市跨区域、跨行业、跨企业劳模（工匠）创新工作室联盟正式成立，这一联盟的建立，旨在拓宽不同区域、企业和行业创新工作室之间的深入交流与合作，创建一个彼此无障碍交流、学习、借鉴、支持继而获得提高的广阔平台。

在过去的几年间，蚌埠市总工会非常重视劳模创新工作室的建立，当时全市已经有7家省级劳模创新工作室、61家市级劳模创新工作室，在示范引领、集智创新、传承技能等方面不断强化功能，有效地带动了技术创新活动与员工素质的提升，更产生了经济和社会实效。

该联盟成立之后，将企业在生产一线遇到的难题逐一收集，“万众齐心”，共同开展技术攻关、技能培训和科学研究等活动。依托于这个极具实用价值的平台，各企业之间和团队之间实现了资源互补、信息共享，大家心往一处想、劲往一处使，激发出无限的创造力，攻克了种种生产一线的难题，成功地推动了企事业高技能人才培养以及科技成果的推广转化。

这一联盟也为各个创新工作室的成员提供了更大的施展才华的舞台，他们可以在联盟中随意发挥个人的业务专长和技术优势，围绕企业的工作重点、难点问题开展创新及攻关活动。

与此同时，联盟在解决企业难题时，也充当起了成员学习和交流以及培养先进思想和创新意识的平台，集“智囊团”“创新源”“攻关队”“孵化器”和“风向标”于一身，有效地助推了企业的飞速发展。

纵然一家企业拥有自己的创新工作室，集合了企业所有的创新力量和高精尖技术，但它也无法解决企业在经营、管理及发展等方方面面的所有问题。而创新工作室联盟的出现，恰恰弥补了这一空白，促使企业可以把困住自己发展的难题转移到联盟之中，当个人的难题成为众人的难题，它或许就不再是难题了。

与安徽蚌埠市的创新工作室联盟类似的还有上海徐汇区职工创新工作室联盟。这是一个由 33 家创新工作室组成的联盟，包含医卫、教育、建筑和食品等十几个领域。当技术日新月异地发展使得世界变得越来越“小”时，企业发展中的难题也随之变得越来越难以解决，这些新问题似乎对单一的创新工作室产生了“免疫”，所以集人才、技术等优势为一身的创新工作室联盟摇身一变，成了打破传统、改变现状的创新斗士。

跨类型、跨行业、跨单位的创新工作室联盟，可以有效实现劳动、工匠和技师等人才的“联智联技”，在技术上形成互联、在信息上形成互通，把自己的问题和难关“请出去”，把新理念和新方法“请进来”，逐步拓宽了创新的领域和方向，不必再为缺乏创新能力和创新活力而苦恼。

创新是博采众长、群策群力，更需要以“共建、共享、共赢、共进”为原则，因而创新工作室联盟已是新时代所有创新工作室的新出路。

第七章

提升学习力——拓宽创新的维度

创新需要学习。通过学习，我们会提升探索欲和求知欲，对新鲜事物产生更强烈的兴趣，从而激发出更大的创新热情；学习还会拓宽我们的眼界，改变我们思考问题的角度，让我们产生源源不断的创新灵感。

1. 在学习中创新，在创新中发展

笛卡儿说，愈学习，愈发现自己的无知。当我们开始一步步接触未知的领域时，会发现自己以往所掌握的知识和技能或许并不够高深和高超。但是，我们通过学习和探索，不但会改变自己对事物的认知，也会从根本上改变思考方式。从创新的角度看，学习的意义更会凸显出来。

因而，我们在工作中要时刻保持着学习的心态和习惯，因为学习会带来创新、更新陈旧，我们个人也会在创新中获得更大的发展。

科技需要创新、企业需要创新，个人也需要创新，一切都在创新中改变了模样，一个不善于学习、不能创造性学习的人，终将被这个时代所抛弃。

中原油田职工田纪民，是一个“用创新领跑的金牌工人”，他在接受记者采访时说，“咱当不了科学家，但可以做个能工巧匠，当个智能型工人，通过自己的技术创新为企业助力”。

原本，田纪民是一个农民，当他看到身边很多人都当了工人后，便暗下决心：如果以后自己也当了工人，一定要当一名好工人！后来，他如愿成了一名采油工人。

做农民时饱尝辛苦的他在工作中上勤勤恳恳，一不怕苦、二不怕累，可一遇到技术方面的事情，他只能打起退堂鼓。矿里每每进行技术理论考试，他总是排在最后一名。他意识到，做一名普通工人容易，但要做一名出色的工人却并不容易。出色的工人既要踏实肯干，也要有相应的知识储备，并具有创新思维。唯有借助积累的知识进行持续创新，才能脱颖而出，成为出色的工人。

想清楚了这一切，田纪民一头扎进了知识的海洋，开始苦学专业知识，并一次次改进自己的工作方法。后来，单位又组织了一次技术比赛，想不到他却在其中名列前茅，生平第一次站在了领奖台上。

大获鼓励后，田纪民在学习和创新上更加卖力，而他的这种边学习、边创新的精神也让他有了一项新发明。

当时采油三厂处在两省三县的交界地，常发生原油被盗事件，厂里的油井也惨遭不法之徒的破坏。田纪民看到了这一切，暗下决心一定要设法研制出一套井口防盗装置，防止国家资源的损失。

他反复检查了被破坏的油井后，想到了一个行之有效的方案。他把方案拿去给采油工艺研究院的专业人士看，对方却疑惑地问他："你是工人，干吗做鉴定啊?"在得知他是为了保护国家资源后，对方大为感动，马上做了鉴定。

两个月后，田纪民的油井保护装置终于成功了！这一装置应用后马上收到了效果。他所在的采油队当年便比之前多产出数千吨原油，其中一半都是因为他的装置挽回的"损失"。

取得了这样的成绩，田纪民自然十分高兴，但他没有止步于此，仍然不断地学习，不断地在学习中创新。

通过学习，我们更新了思想、经验和行为，面对工作也有了更多的"精神依靠"，我们从学习中会获得巨大能量，即使它不会马上转变为具体的指导，甚至短时间内看不到任何成效，但在学习的过程中，我们的心态、意识等已经在潜移默化中发生了变化。在具体的工作中，我们会下意识地采取更简便、高效的方法去解决问题。

左拉说，生活的全部意义在于无穷地探索尚未知道的东西，在于不断地增加更多的知识。当我们拥有了更多知识，创新也就不再是空中楼阁，在雄厚的“知识地基”之上，创新会是一座盛开着满园鲜花的宫殿。

充足的知识也将激发出更多的创新需求，我们的创新能力会随之体现，且随着这种能力的提升，我们会解决更大的难题，并创造性地改进现有的工作方法。

学习为创新带来了更多可能，那么我们在工作中如何学习，如何通过学习实现创新和发展呢？

第一，为自己创造学习机会。就像田纪民一样，要不甘于现状，去寻求更广阔的个人发展空间，要主动地在工作中找难题，或者为自己“制造困难”。瓶颈是促动学习的另一种动力，会让我们为了突破极限而奋发向上。当我们总能在工作中发现绊倒我们的障碍，我们也就有了不断学习的动力。

第二，探讨与对话。这包括个人与个人之间的探讨，以及个人与团队之间的对话，即恰当的沟通交流。在开放性的沟通氛围中，很多人会有不同于工作中的状态，也由此会产生更多的想法，它们可能是对于一些问题的疑惑，而为了解开种种疑惑，我们就需要有针对性地制订学习计划，以掌握更多相关的知识。

第三，在问题中学习。出现问题、分析问题而后解决问题，这是我们解决问题的逻辑，重点是我们要在每一个步骤中发现自己不足的部分，继而有针对性地提升自己。比如在出现问题时，我们要思考问题出现的原因，是不是因为自己能力不足导致了问题的发生，由此便要针对问题制订相应的学习计划，避免同类事情再次发生。再如，分析问题的过程中，意识到某个领域对自己来说太过陌生，很难运用目前的知识储备和掌握的方法、技能来全面剖析问题，所以就有必要或寻求他人的帮助，或通过书籍等其他渠道来获得提升，这都是学习的过程。

第四，在适当的时候做“试验”。这种尝试下的“试验”，是对未知的有效试探。我们不能未卜先知，但通过更多的学习获得新知，而后借由“试验”检验自己的学习成果，就可以让自己在面对未知时拥有更多的勇气和底气。在这个过程中，我们所具有的开拓精神也将帮助我们有效实现岗位创新。

第五，从过往的经验中学习。子曰，温故而知新。回顾过往的经验和所学的知识，我们通常会有新发现，这同时也是一种最经济有效的学习方式。在重新审视过去所取得的成绩和失败时，我们也能够站在更客观的立场和角度做出相对精准的评析，这种评析本身就是一种学习方式，同时我们也能够通过评析发现不足和短板，它们也同样可以为我们的持续学习、永续创新提供驱动力。

第六，合作与团队学习。学习不只是个人行为，在工作中，也要与团队成员共同学习，在这种组织性的学习过程中，成员之间可以形成学习联盟，对同一课题展开不同的研究与探讨，也就等于既学习了新的课题模式，也学习了他人对这一课题的独特的思考模式，这对于我们在工作中改进方法、节省时间、提升效率等都会产生极大的助推作用。

学习会为创新打下坚实的基础，而为了创新，我们也有必要更好地学习。每个人在工作中都会遇到各种各样的难题，它们会倒逼我们寻求解决之道、创新之道，从而促进发展、实现超越。

2. 知识越丰富，视角越开阔

古人云，读万卷书，行万里路。无论是读万卷书还是行万里路，其实质都是积累自己的知识和经验，让自己的思考方式不局限于一点，让自己的视角不再狭窄。在岗位创新上尤其如此，我们必须不断积累自己的知识，增长自己的见闻，才能不让自己的思想有失偏颇，对于问题的思考才会更多面。

知识越丰富，视角越开阔。创新的内核重在“新”上，意味着我们要开启不同往常的思考模式，想出不一样的点子，以获得出新出奇的效果。那么如何能做到这一点呢？朱熹有“问渠那得清如许，为有源头活水来”的名句，这是在告诫世人，只有不断接受新事物，才能保持思想的活性，才有进步的可能和空间。因而，我们也应该不断地更新知识储备，升级知识库，以打破固有的思考界面，把眼睛看向更远处。

江振强最初只是宁夏夏进乳业集团股份有限公司的一名普通员工，他凭借着锲而不舍的敬业精神，努力学习，不断更新自己的知识储备，并敢于创新，继而一步步从电工、维修工晋升为设备科科长、总工程师。

该公司是一家新型现代化企业，引进了多条国外生产线，每当出现故障时，就必须由厂家指派专业技术人员到厂维修，这造成了生产停滞以及成本上升，经营被动等结果。作为新员工的江振强看在眼里，急在心头。

而后，当外部专业技术人员到厂维修时，他总会跟在后面主动配合，用心记录各种关键数据、关键控制点以及关键部位等。通过边看边学，他在短时间内便掌握了进口设备的一些技术性能及相关备件的技术参数，拓宽了自己的知识面，也打开了原本狭窄的创新视角。

后来公司首次引进了荷兰施托克瓶装生产线，但该生产线只能生产500毫升和1000毫升的产品，并不能适应市场需求，对产品生产造成了一定的制约。对此外方提出了改造生产多种规格产品等条件，但改造费用会因此增加两百多万元，这无疑是一笔巨大的开销。

江振强有自己的想法，他不分昼夜地观察设备，凭借所学知识悉心钻研，最终有了一个大胆的设想——改造设备。

当他提出自己的想法后，不少人都觉得有些异想天开，但他却胸有成竹。正所谓艺高人胆大，他在征得领导同意后便马上展开行动。功夫不负有心人，他与团队历经二十天的努力，终于成功改造了设备。

经过改造后的设备既能生产500毫升、1000毫升的产品，也能生产250毫升和243毫升的产品，改造费用仅有二十多万元，但却为企业实现了2000万吨的产值。

一边积累知识，一边改进设备降本增效，已经成了江振强和他的团队的创新习惯。在几年时间里，他带领团队先后改造了瓶装产品生产线工艺流程，将日产量从60吨提升到110吨，年增产达1.6万吨；并改造了综合车间产品生产线，使日产能提升到30吨，年增产能近万吨，节约改造费16万元。

江振强的一次次创举得益于不断地积累知识，从而拓宽了创新视角。他的创新绝非建立在凭空想象，绞尽脑汁地想点子上，而是立足于工作实际，通过不断革新技术来实现创新。这种创新对知识的储备提出了更高的要求。

毋庸置疑，创新建立在知识积累的基础之上，就像我们在工作中想要获得一项新技能，大多并不是从零开始的，而是要立足于我们自身所掌握的一部分知识和技能。绝对的跨领域、跨行业学习一项新技能的难度巨大，且不是短时间内便能成功的。创新也是如此，没有丰富的知识，不曾接触多样的资源，妄想依靠单纯的想象获得新点子，并期待这种点子可以带来实际效用，无异于天方夜谭。

拥有知识是基础，升级知识库是必然，创新的土壤要在丰富、多元、新鲜的知识的浸润下才会更有养分，才能孕育出新想法。

人类的发展史与科技史也是一部不断更新知识、积累经验的创新史。任何发明创造无一不是建立在对知识不断拓展的基础上。有了丰富的知识，视野会更开阔，头脑会更具智慧，也就更具有发明创造的潜力；而要想实现进一步的创新，就必须不断更新知识库。

中国中铁电气化局集团一公司接触网六段农民工巨晓林，虽然只有1.62米的身高，但却被大家称为“小巨人”，他通过自己的努力创造了八十余项创新施工方法，创造出上千万的经济效益。

起初，他对铁路电气化技术一窍不通，看着那些如同“天书”一般的施工图纸和陌生的接触网零部件，他更是一头雾水，老同事鼓励他说：“不要担心，只要肯下苦功，什么都能学会！”他牢牢地记住了这句话，白天跟厂里的师傅学，晚上自己开夜车，在营地熄灯后还会悄悄地打开手电筒记笔记。

为了给自己充电，巨晓林买了《钣金工艺》《机械制图》等三十多本专业书籍。在随后的时间里，他无论去哪里都会带着这些书。他的学习热情也感染了身边的同事，大家都会主动找一些专业书籍给他。

一年夏天，巨晓林和工友在铁路工地架线作业，其中一个工作环节是：每到一个悬挂点都必须肩扛电线爬上爬下，非常辛苦。这天下午，突降大雨，大家都躲雨去了，巨晓林却披着雨衣仔细查看各种工具和材料，盘算着是否能想出点省力的办法。他观察并测算了一番后，用一个铁丝套住滑轮试了一下，觉得很省力，马上把这个方法告诉给工长。果然，用了这个办法后，效率提升了两倍。

后来，巨晓林一步步成长为老员工，他见新工友在学习接触网技术时颇为吃力，便编写了一部工具书——《接触网施工经验和方法》。他把自己的经验全部写进书中，后来完成了《提高京沪高铁数据测量一次合格率》这一科研课题，并因此获得了中国中铁股份公司最佳成果奖。

一个原本普普通通的农民工，却最终蜕变成为一个领域内的专家，他靠的是什么？知识，丰富的知识。只有不断地升级知识库，才能改变思考模式，对待问题和难点时才会产生创新性的想法，在工作中做出突出成绩。

3. 持续学习，为创新蓄能

高尔基说，经常不断地学习，你就什么都知道。你知道得越多，你就越有力量。持续学习、终身学习应当成为我们每个人的学习习惯，而学习也是让自己的思维更快地“新陈代谢”的最佳方式。

学习没有时间、场所的限制，只要渴望发展，渴望具有创新思维，就要保持时刻学习的心态，为自己实现岗位创新积蓄能量。

刘磊是一名炼钢青年，从一所科技大学的冶金专业毕业后，便进入河钢邯郸邯宝炼钢厂做转炉车间上料工。他是个很善于自我提升的人，每天下班后都会用心揣摩白天师傅传授的技术和在工作中遇到的问题，还会上网查资料，去图书馆看书，不断给自己充电。

由于表现出色，他很快升任为炉长，做了领导后，仍然不忘学习，并且把学习的习惯带入了全班。他会从工艺操作和质量提升等方面敦促组员共同学习，而他的努力也没有白费，在全厂 15 个炼钢小组的综合排名中，他带领的小组全年平均为第一名。

后来，他辞去了炉长的职务，做起了工艺技术员。大家都很不理解他的举动，其实他这样做是为了在设备和研发的创新中投入更多精力，因为他不满足于只是熟练掌握操作流程。

当时，厂里在生产上遇到了一个难题：少渣法还不曾成功地应用在 200 吨以上的大型转炉上，如果非要使用，便会造成钢水喷溅、出钢渣泡和成分超标等问题，所以适合业内生产的只有转炉炼钢常规冶炼工艺。

那么，如何能既提升效率、节省成本，又同时保证生产安全呢？刘磊再次挑战自我，开始记录各种数据并进行分析，遇到问题便请教业内专家，然后又一次次地进行石灰配比试验。最终，他成功地用少渣冶炼技术冶炼出了优质合格的钢水，把 260 吨转炉工序灰耗降低到每吨钢只有 15 公斤，大幅度降低了成本。

近些年来，刘磊与团队成员又解决了汽车板钢水终点氧含量由712ppm降至约400ppm、汽车板转炉终渣中全铁较旧工艺降低4%等技术难题，持续性地、创新性地为厂里的降本增效做着贡献。

不断地挑战自我、不断地创新，让刘磊体会到了奋斗的意义，他也通过学习，开始掌握之前不曾掌握的技能，提升了整体素质，有了更多的创新举动。

企业要依靠员工来推动发展，员工的能力越强，企业的竞争力便越强，而学习是提升员工能力的最佳方式。通过持续地学习，我们在潜移默化中对万事万物都会有更新的体会和认知，创新能力便会在这个过程中得到稳步提升。我们会在工作中不知不觉地提出创见，也会辅助同事创造性地解决问题，对很多“老大难”问题也会有不同于以往的看法，这都得益于我们的持续学习。

持续地学习如同一个积攒能量的过程，短时间内或许并不能看出任何效应，但当我们度过了一个周期后，就会惊喜地发现，以往困扰自己的难题居然也有了新解法，且看起来是那么简单。

那么，在快节奏的生活和工作中，我们怎样才能做到持续学习，为创新蓄力、赋能呢？

首先，严格要求自己。现如今，快餐文化十分盛行，很多人都难以真正静下心来为自己充电，进行深度阅读或深度思考。而碎片化的学习并不能真正补足我们知识上的缺陷，只获取表面知识难以达到实质性的内容维度。因此，为自己制订严格的作息时间和学习计划就显得十分必要。

我们可以针对自己的睡眠时间和工作时间制订相应的学习计划，比如在一定的时间内专注于某一课题下内容的学习，或针对一个问题系统地学习与解决方法相关的知识等。

其次，沉浸式阅读。几个小时的碎片化阅读或许都比不上半个小时的沉浸式阅读，沉浸式阅读更容易让人的思维集中于一点，会在短时间内调动全身的细胞理解消化某一个知识点，这便提升了阅读效率，也会收到更好的阅读效果。

再次，保持热情的态度和思考的习惯。持续学习是建立在对获取新知抱有巨大热情的基础之上的，如果我们本身排斥学习，对知识升级不感兴趣，又如何能实现持续学习呢？因而，养成学习习惯，对新知新物兴趣浓厚，才能确保通过持续学习来为自己的知识库添砖加瓦。此外，对于所学知识要有深度的思考，由点及面、由此及彼，力求举一反三、触类旁通。

基于知识的创新是最可靠的创新，它会让我们的创新更有依托。

4. 制定高目标，有挑战才有创新

宁波市首届十大青年企业家管理创新金奖、2004 年“华耐杯”中国室内设计大获二等奖、2005 年 IFI 首届国际室内设计大奖赛三等奖获得者翁世军说：“生活的哲学就是奋斗，创新也就是一种奋斗。”

持续地奋斗让他取得了不俗的成绩，在奋斗的过程中，他不断为自己制定更高的目标，并为实现目标付出了巨大的努力和心血。在这个过程中，他的创新也实现了艺术与商业的结合。

每个人都有潜能，激发出潜能便会创造出不可思议的成绩，而更高的目标和要求，便是一种常见且常用的激发潜能方式。在岗位创新上，我们应该为自己设定更高的创新目标，以实现人生的一次次飞跃。

张立同是中国国防科技工业领域中唯一的一位女院士，也是航空航天材料专家，她和她的团队十年磨一剑，获得了国家技术发明一等奖。

20世纪70年代，我国从国外一家公司进口了一种航空发动机，但所花费的资金中不包括购买制造发动机的10项关键技术。为了可以制造出这种发动机，国家又斥巨资买下这10项关键技术。

然而，当技术人员拿到所谓的“关键技术”后，发现它仅仅是一份说明书，说明书中还规定所用的材料几乎都要从国外第三方去购买。一时间，技术人员的心情好似跌入谷底，团队带头人张立同也大受打击。

不过，这个技术小组并不打算就此放弃，他们决定自主研究一系列性能更优的材料替代进口材料。在探索的过程中，他们特地邀请了一名国际专家，希望得到指点，但专家看过设备后说：“我花费20年的时间才掌握这项技术，你们至少也需要10年。”为此，张立同和团队成员想通过购买国外设备来获取制造技术的信息，可得到的答案却是否定的。

有打击才有创造力，张立同等人下定决心，走一条自主创新的道路。后历经一次次的技术攻关，他们不断地超越了自我，终于制造出了第一批合格样品。

按理说，实现这样的目标已经很了不起了，但张立同等人并不满足，他们又为自己制定了更高的创新目标。在她的带动下，全员上下一心，最终全面突破了一系列核心关键技术难关，使材料的性能达到了国际标准，也打破了国外对这一技术和设备的封锁。中国也成为继法国、美国之后第三个掌握这种材料制造技术和设备的国家。

《礼记·大学》中云："苟日新，日日新，又日新。"每天进步一点点，一段时间后就会有质的进步；每天创新一点点，一段时间后就会有更大的创新。在岗位创新上，制定目标就代表着对现状的"否定"，敢于否定现在的自己，才意味着更大的突破和成长。

既往的创新历史和成绩很容易让我们产生懈怠情绪，继而停留在过去的荣光之中沾沾自喜，而新时代的发展要求我们必须在自己的岗位上不断创新，在达到一定阶段或取得一定的成就后树立更高的创新目标，以超越自我，追求卓越。

齐鲁石化的员工魏某已经年近40岁，但他却要求从厂工会机关干事转到电仪车间工作，这实在匪夷所思。

魏某有这样的举动，离不开父亲对他的影响。魏某的父亲不到40岁便成为省劳模，他对子女要求严格，希望他们做事情必须尽力做到最好，绝不能应付了事。在父亲的教导下，魏某也养成了遇事不慌、敢于挑战的性格。也由此，他才从相对而言比较"舒服"的岗位主动走下来，到厂里技术含量较高的电仪车间倒班，就是想实实在在地掌握一门技术。

他说："我想换一换环境，另外，我也喜欢具有挑战性的工作。不会就问，不懂就学，我就不相信别人能做的我做不了！"凭借着这股干劲，他虽然对电气仪表领域非常陌生，可具有挑战精神的他却打定主意，并一头扎了进去。

人近中年改行进入新领域，魏某知道自己必须付出更多的努力才行。那段时间，每天下班后，他便把自己关在家里苦学，历经半年的时间，他集中学习了电工基础、电工进网作业培训教材、电工作业、电工安全技术等专业书籍，积累了很多专业技术知识。随着知识的积累和技能的不断提升，他在工作上也有了长足的进步。

十年之后，魏某终于实现了从初级工、中级工、高级工到维修电工技师、电工高级技师的5连跳。虽然取得了不俗的成绩，但他依然不曾在挑战的路上止步。

当时储运厂车辆编交站的铁路灯桥上有36盏大功率探照灯，这些灯长期开着，不管有没有生产作业。厂里想改造这些灯，但重铺电缆和购置新设备的费用需要十几万元，一年只能节省1.5万元左右，差不多需要10年时间才能收回成本，领导觉得不太划算。

此时已经是电气首席技术的魏某主动请缨，提出了自己的初步构想，即利用无线遥控技术对灯桥节能控制系统进行改造。半个多月后，经过多次试验和现场调试，魏某与团队成员终于将遥控及接收设备调试到了最佳状态。而后经过现场模拟操控试验，魏某及团队成员改装的无线控制系统正式投入使用，这套系统的控制效果完全达到了预期要求，为厂里省下了16万元的改装费用。

不难看出，魏某是一个在工作中永不服输的人，他始终渴望去做充满挑战的事情，这会激发出人的巨大潜能，从而改变一个人对某一问题的思考方式，使其创造性地解决问题。

在我们身边，也有一些人会像魏某一样不甘现状，始终为自己制定更高的目标，去做更具有挑战性的事情，这样的人总是把主动权掌握在自己手中，更会主动拓展学习平台，为自己蓄能。而在持续地挑战和解决难题的过程中，他们的创新力便会慢慢地凸显出来，从而不但为自己集聚起更强的职业竞争优势，也同时会源源不断地创造出更多新的可能。

5. 学以致用，洞悉创新内涵

我们要首先弄清楚创新的内涵是什么，只有认清了创新的内涵，才能更好地理解创新、运用创新，最终实现创新。

首先，创新是一种观念。

人的观念便是一种意识，具备了创新观念或意识是实现创新的必要前提和基础。在岗位创新上，如果思想停滞不前，就很难产生变革的念头，也就无法进行创新。

不能时时刻刻想到创新、注意创新，在工作中就必然会忽视创新，遇到难题只会绕道而行。有人说，创新是企业的灵魂，更是企业持续发展的保证，而所有的创新举动都要以创新观念为本。在个人实现岗位创新上莫不如此，多思考才有创新的可能，思考的过程便是形成创新观念的过程。

其次，创新是一种使命。

创新是一项亘古不变的课题，更是历史赋予我们每个人的使命。在岗位创新上来说，一个人如果缺乏对待工作乃至于个人职业生涯的使命感，就会缺乏激情，继而缺乏创造力和活力。

北京理工大学雷达技术研究所副所长、北京理工雷科点子信息技术有限公司总经理、第十七届“中国青年五四奖章”获得者刘峰，平均每天13个小时处理近200条短信，接打电话80分钟。

他曾带领团队成功研发军用北斗二代基带处理芯片，并实现了北斗二代军用终端系统“中国芯”的重大突破。而后，他与团队成员又完成了第一部北斗二代手持基本用户机的定型。他参与创建的一家信息技术有限公司，也创下了1.9亿元产值的佳绩，被评为年度中关村新锐企业十强。

他说：“我们做这个创新是‘被逼’的，就是说我们必须做北斗，这样中国才能有自主导航的卫星系统，从而保障大家的安全。创新对我们来说是一种使命，一件必须要完成的事情。”

在这种使命的支撑和激发下，刘峰与团队成员夜以继日地不断努力，最终用8年的时间从理想迈入现实，与团队成员一起攻克了一个个技术难题。

毫无疑问，当我们在工作中把创新当成一种使命，就会很自然地为此付出更多心血和辛劳，并慢慢地学会创造性地工作，久而久之，也会习惯性地去创新。

第三，创新是一种生存方式。

创新是一个企业生存和发展的灵魂，不能创新的企业，不能在发展的过程中摆脱旧体制弊端的企业，必然无法适应日新月异的发展，在市场竞争中也会丧失主动权。而从个人角度来看，每个人都会遭遇“职场危机”，它总是毫无预警，突然降临，让人措手不及，只有那些能够在危机中快速做出反应的人，才能生存下来并活得更好。

那么，什么是快速反应？它是不安现状、打破规则、突破束缚，归结起来只有两个字——创新。

善于创新的个人和企业才会拥有更美好的明天，因为他们会打造创造新方法、新理论来解决实际问题，并且能够在创新的过程中打破困住人们心灵的一道道看不见的“墙”。

习惯之墙：习惯会让我们在做事时“有据可循”，根据养成的习惯可以相对轻松地完成生活或工作中出现的问题。可习惯也会造成思维僵化、抑制创造性等问题，一旦养成习惯便很难从里面打破，正所谓“习惯成自然”，一切都按部就班、习以为常了，又如何能实现创新呢?

从众之墙：从众的心理让我们总是想保持与他人步调一致，不敢有革新的举动，这对创新自然不利，会压制我们内心的个性和独创性。因此，要想在工作中实现创新，必须敢于与众不同。

不可能之墙：我们在生活中、工作中常能听到这样的话——世界上的聪明人千千万万，你能想到的别人早就想到了，干吗还要白费力气呢？这种话我们不但常能听到，也许恰恰出自我们之口。这是一种错误的认知，如果人人都这么去想，那么社会何谈发展，人类何谈进步呢?在岗位创新上没有“不可能”，任何“不可能”都可能成为创新之源，所以永远不要框定自己的思想。

第四，创新是一种生产力。

当我们能够在工作中发现问题、提出见解、找到方法，并解决了大部分人或前人不能解决的问题时，我们便拥有了创新能力。这种能力应当成为每一名员工的必备能力，而且无数的例子也告诉我们，创新是产生差异，强大自我，超越对手的关键。

我们借助创新能力找到了解决问题的最佳方式，为自己也为企业创造了巨大的效益。在任何企业中都有最具创新精神的员工，他们自然是最具发展潜力的，也能够把创新能力转化为生产力，与企业共同进步。

改造便是一种创新，而创新则意味着你永远比别人快一步，凭借着这种能力，你会提前进入“无人区”，比如在某一技术领域实现技术创新，使得产品供不应求，这便是由创新转化而来的价值，即是一种生产力。

归根结底，要想实现岗位创新，就必须真正了解创新，并让创新成为一种习惯，从而摸准发展的命门，让自己获得更强的职业竞争优势，从而走得更远。

第八章

“变”无止境——创新永远在路上

创新是时代发展的必然选择，也是永恒的主题。世界上没有一劳永逸的事情，只有“新”才能更吸引人，才能让我们永远保持优势，在激烈的竞争中脱颖而出。

1. 创新是每一次成功的开端

海尔集团总裁张瑞敏说："我们之所以成功，是因为我们每年都在创新，每月都在创新，每天都在创新。我们从来没有因为一时的成功而停滞过、徘徊过、得意过。因为我们知道一旦停下来，就意味着消沉。什么时候，海尔失去了创新的激情，也就是海尔没落的时候。"

创新是一场没有终点的"马拉松"，无论是企业还是个人，只有创新才能永葆活力，才会有发展，才会有出路。

化学家、自然科学家朱清时说："遇到难题时，我总是力求寻找巧妙的思路，出奇制胜。"寻找巧妙思路的过程便是创新的过程。

很多人在个人职业道路上会出现"走着走着就拥挤"的情况，这是因为我们大多选择的是一条大众、常规的路线，是所有人一窝蜂地涌上去的路线，而能摆脱这种拥挤的生存方式唯有创新。借助创新，我们会开辟出另一条幽径，它会帮助我们更省力、更快速地抵达成功。

朱劲雷，现任国网邯郸供电公司欣和电力建设有限公司安监部副主任，"朱劲雷创新工作室"带头人，2020年荣获全国劳动模范称号，他还曾获得河北省五一劳动奖章、河北省十大金牌工人、河北省百名能工巧匠等荣誉。他是个有心人，干一行爱一行，什么事情都力求做得漂亮、完美。

在创新路上，朱劲雷也是不折不扣的实践者，不停钻研、永不服输。2002年，他成为柳林供电所所长，在工作中发现有不法之徒“窃电”，甚至还有人挑衅道：“我窃电了又能怎样，有本事你就来查。我改过的电表，你们根本就抓不住证据。”

当时，查窃电方法单一而窃电手法却较为复杂，为此朱劲雷不断研究，虚心向老师傅请教，后来成功研制出第一代简易查窃仪器，并取名“电猫”，它可以把原本的查窃操作从十几分钟缩短到仅仅6秒钟。就这样，“电猫”成了不法之徒的眼中钉、肉中刺。据统计，“电猫”问世当年，就为国家挽回400余万经济损失。

不法之徒又开始用“高科技”窃电，比如遥控窃电、声控窃电、红外线感应窃电、高频窃电等。朱劲雷看在眼里，急在心里，他继续改进“电猫”。没过多久，第四代“电猫”成了窃电者的心头噩梦。这项发明还获得了全国第四届职工技术创新成果奖和海峡两岸职工创新成果银奖。

此后，朱劲雷与团队成员继续探索，不断创新，历经十余年的不懈努力，推出了第八代“电猫”——“智能快速查窃电及防电磁干扰表箱”，极大地提升了查窃效率。

后来，公司成立了“朱劲雷创新工作室”，慢慢地积累了大量创新成果，朱劲雷本人及其工作室也获得了很多嘉奖。朱劲雷说：“成绩只能代表过去，只要工作需要，我和我的创新团队就永远不会停歇。”

一次创新很容易，但时时创新、次次创新却并不容易。创新是推动企业和个人永续发展的最强驱动力，它往往与永不满足的欲望和始终不变的热情相融合，这要求我们必须从过往的“成绩簿”上爬起来，从零开始，从头出发。因为创新没有终点，当我们在某一时刻因创新取得了成绩时，只代表我们踩在了一个走向另一个成功的开端，此时我们不能再以成功者的身份自居，它只会框定我们的思维，束缚我们的手脚，让我们失去斗志，裹足不前。

创新，应该是我们每个人不悔的使命，在岗位创新上，我们也要怀有空杯心态，把自己的成绩归零、进步归零。

河南省永煤集团车集煤矿机电一队主副井电工班班长游弋，原本只是一个只有初中文化的普通员工，但凭借着自己的努力和创新精神，他一步步地成长为同事们口中的“游大师”。

在他看来，别人口中的困难正是自己创新的机会。有一次，一位工友在切割密封圈时，一不小心弄伤了手，顿时鲜血直流，游弋看着很揪心，便琢磨着能不能制作一个简单工具，让操作员更安全一些。很快，他便利用下班的时间潜心研究。前前后后经过 20 多次的改进，他的“井下电缆密封圈扩孔器”终于诞生了，配上另一项电工工具“快速定位剥线钳”，他成功地把挖密封圈和剥电缆绝缘皮的时间从原本的 20 分钟缩短到 6 分钟以内，他也由此获得了职业生涯中第一个国家知识产权局授权的实用新型专利。

还有一次，他在井口听到一位清洁女工抱怨：“到处都落满了煤尘，每天都要打扫，真是太麻烦了。”一句抱怨之语再次打开了游弋的创新思路，他便在下班后到天轮平台观察，往往一待就是几个小时。后来，经过他的多次试验，“钢丝绳全自动除尘环”随之诞生，它有效地改善了主井周边和绞车房的环境卫生问题。而出乎他意料的是，这项发明在煤矿主井提升钢丝绳净化方面尚属首创。

源源不断的创新成果使游弋个人为企业创造了累计超过千万的效益，他也因此先后获得首届全国百名优秀青年矿工、全国煤炭系统首批技能大师、全国技术能手、全国百名感动中国的矿工、全国职工职业道德建设标兵个人、全国五一劳动奖章、全国劳动模范等多项奖励及荣誉称号。

“游弋不是一个名字，而是创新的代名词，为了钻研一个模型，经常熬到夜里一两点钟，第二天看到他眼睛通红。”这是同事们对游弋的评价。在他的思想中，任何难点都是创新点，都是难得的机会。他说：“创新没有终点，只有起点，它就像手电筒发出的光。”他是这样说的，也是这样做的。在创新的路上，他从未停下脚步。

创新没有终点，它只是另一个成功的开端，越来越多的创新先锋已经用自己的实际行动诠释了这句话。他们在创新的路上始终不忘随时调整自己的起点，不断地否定自己，把一切成绩和进步都置之一旁，只把它们当成经验，而不会陷入过往的辉煌中孤芳自赏。他们习惯于把自己当成一张白纸，在遇到新问题、面对新挑战时，重新落笔在纸上涂抹勾画，而后创造性地展现出一幅崭新的图景。

在工作中，我们要争当创新型员工，既要做创新的缔造者，又要做创新的超越者。创新是一场没有终点的奔跑，它要求我们用挑剔的眼光看待过去和当下，不断向自我发出挑战，以永不满足、敢为人先和持续探索的精神朝着下一个目标迈进！

2. 匠心为本，点燃创新引擎

工匠精神是一种职业精神，体现出的是一个人的职业道德、职业能力和职业品质，更是从业者的职业价值取向与行为表现。一个具有工匠精神的人，自然会在工作中兢兢业业、精益求精，而这份匠心，也会点燃创新引擎，助力他在创新之路上奋力前行。

具有工匠精神的人更善于钻研、探索，做任何事都力求尽善尽美，在这个过程中，他们也会把创新精神贯穿始终。拥有一颗匠心的员工，会不断追求突破、追求革新。每一名员工都应在自己岗位上高举创新大旗，以匠心守初心，以创新谋未来。

张永是西安核设备质量检验部射线探伤班班长，也是中核浦原先进工作者、西核设备劳动模范。

他在担任射线探伤班班长期间，还负责射线探伤及探伤底片评定工作。2021 年，正值公司高速发展和转型之年，工作任务重、时间紧、强度大，张永总是身先士卒，把心思都用在了提升射线检验效率和检验质量上，被同事们说成是“工作狂”。

张永是个对工作会投入百分百热情的人，即便手上的工作已经很忙了，他还是会抽时间钻研岗位知识、提升探伤操作技能，并主动参加各类培训，逐步完善自我。他的付出很快收到了回报，他取得了国家核安全局新考规发布后全公司首个核电射线探伤最高级别证书——Ⅲ级证书。

在工作中，张永也是个很重视总结和创新的人，且颇具匠心。他改进了检验工装，解决了射线散射对底片产生的影响，同时改善了底片质量。当他发现焊缝厚度对应不上射线源的检验厚度时，便尝试采用不同射线源配合相应的配套设施来验证同一位置的焊缝，成功地缩短了三分之二的检验时间，而最终的检验结果也是合格的。

而后，在面对国内第一次研制的结构复杂产品，没有相应检验标准，更无过往经验可供参考的严峻任务时，他冥思苦想、不断尝试，最终总算找到了焊缝检验方法，确保了射线底片可以真实反映焊缝的实际焊接质量，接着经过一番实践总结后，与技术人员一起制定了这类焊缝的检验规程。

张永是个敢于突破和创新的人，在班组中一直有“有困难找张永，再难也不怕”的说法。他总是会严格贯彻落实部门工作新思路，参与制定并坚定执行射线检测标准作业模式，通过与团队成员的合作，将公司射线探伤废片率从21%降到了3%。

他说：“公司给了我一份安定的工作，只有全力做好这份工作，才不辜负公司的培养和信任。”

“全力做好”说起来简单，但做起来难，它意味着一份执着的坚守和精益求精，这是匠心促创新的真实体现，也是对“匠心为本，精益创新”的完美诠释。

在岗位创新中，拥有匠心代表着脚踏实地、尽善尽美和敢于突破，它预示着一个人在自己的岗位上兢兢业业、埋头苦干，对每一项任务都能全情投入，遇到问题也从不退缩、推诿，会想办法、换思路，直到攻克难关为止。

不难看出，具有工匠精神的人会很自然地具备创新精神，因为钻研、探索意味着完善眼前、发现未知，这不正是创新之所在吗？拥有一颗匠心，也就等同于拥有了创新之钥。

刁克剑是中国石油抚顺石化工程建设有限公司信息技术研发中心主任，30 多年前，他刚入行时只是一名普通钳工，而今已经是微电子领域的知名专家了，还获得过五一劳动奖章，并当选为“中国石油榜样人物”。

出自刁克剑之手的发明创造可谓数不胜数，在第四届国际创新创业博览会上，他就曾带去很多新东西——便携式硫化氢报警设备，只有徽章大小，体积是进口货的 1/40，价格却下降了 80%左右；手枪形状的智能巡检仪，对准检测对象及部位，扣动扳机，1 分钟就能完成原本需要 10 分钟的巡检作业；“消防机器人”——石化专用智能化抑爆器，只需要 32 微秒就可以完成火灾隐患探测、识别，完成预定灭火动作；新一代石化换热器检验维修机器，一台机器的工作效率相当于 12 名工人……

十余年间，刁克剑拥有了 14 项达到世界先进水平的科研成果，其中有 6 项可以填补国内空白。在被问及这些发明创造因何而来时，他说：“都来自生产实践。我们是一线职工，很多想法都是来自岗位上遇到的问题。”

有问题就有创新的机会，加上对问题不断地进行认真思考、细心钻研，这种匠心也会激发个体的内在潜能，从而促使刁克剑做出一次次的创新之举。

后来，刁克剑对计算机技术产生了浓厚的兴趣，便在计算机房兼职，他说：“因为是技术负责人，所以自己要先懂。遇到问题时，总是边学边干。”在此后的几年时间里，他自主研发了八项智能化科技安防产品，其中很多成果都已达到了世界先进水平。

刁克剑用实际行动完美地诠释了工匠精神，也让我们知道了这种精神是推动创新的一种超强动力。因而，我们在工作中要树立创新的发展观，且只有时时想创新、处处求创新，个人才有更大的晋升空间。

拥有工匠精神，业已成为新时代员工所必备的基本素养，在岗位创新上，我们应当学会“精进”地发展自己的工作，做到专注、细致、不断探索、勇往直前，逐步提升自己的职业竞争优势，拥有“择一事终一生”的执着专注，铸就梦想、追求卓越。

3. 创新是“个人突围”的最强武器

“新”意味着改善方法、突破束缚、转换思路、更新思维，意味着我们必须立足于现实，立足于本职工作，善于从具体的工作中找到精妙的降本增效的方法。

简秀园是某企业空调元器件车间步进生产线线长，一次她见一名流水线旁的员工前面较远的地方有两个零件，只见员工伸出手臂，拿起两个零件。看到这里她不由得一愣，心想是否能改进这个动作？

她是一个具备“改进思维”的人，在看到任何能触动自己的事情时都想方设法去改进。当初她所在的生产线面临电机生产量不高的问题，且直通率较低。怎么才能提高产能呢？

在具体的工作中她发现了一个问题：装焊线圈工位的4个人，其中2人卡夹子，2人焊线圈，卡夹子的员工常常要走到焊线圈的工位拿夹子，一来一回要花费一定的时间，而且这个动作也不是必要的。

找到问题的她马上与车间领导沟通，而后她想出了一种方法：将卡夹子和焊线圈这两道工序结合起来。这是个再简单不过的改动，可却极大地提高了工效。

不久之后，简秀园又发现了一个必须要改进的地方：中间产品积压过多，且周转频繁，导致步进电机生产效率低下。为了解决这个问题，她开始重新编排生产工序。不过这次改进不太顺利，因为这不只是简单地改变工序，需要同时调整生产作业方式和改进工模。

这次改进幅度太大，使得不少员工工作起来反倒比之前别扭了，一时间难以接受。其实这是"创新"必然要经历的过程，需要员工也有打破框架的决心。为此，简秀园多次耐心地与员工讲解。最终，大家步调一致，开始主动适应新的作业方式，使得产量大幅提升，员工们终于对简秀园心服口服了。而简秀园也凭借个人的出色表现一步步地拓宽了自己的职业路。

培根说，由智慧养成的习惯，能成为第二天性。什么叫第二天性？我们可以简单地把人本能之外的一切性格特质和习惯都称之为第二天性，创新无疑是重要的第二天性，因为只有创新才会让你在工作中获得更大的发展，乃至于在人生中创造出前所未有的成绩。

王海是来自陕西的一名钳工，他的学历很低，可在一次大型任务中却独挑大梁，做出了一个创举。

当时京秦铁路的一座立交桥施工已经进入桥面混凝土连续灌注阶段。由于运输工具不足，人手不够，大家都觉得这是一个不可能完成的任务，大家觉得这次一定会耽误工期，不禁个个愁眉苦脸。

“让我试试吧。”王海突然对大家说。大家奇怪地看着他，并不认为他能想出什么好办法，因为他并没有太高的学历，也没有很高的职位。不过“人不可貌相”，这个问题还真被王海解决了。他设计出了一套操作简单又有效的新系统，居然只用了7天时间就把原本需要一个月的时间才能完成的任务完成了，令人难以置信！

别看王海学历不高，但却有一股“专啃硬骨头”的劲头，面对任何难题都不愿意退缩，始终想着攻克难关的办法。

还有一次，在建设另一座大桥时要采用一种施工方法，这一方法在国内尚属首例。其间，大家又遇到了一个棘手的难题。一连几天，工程技术人员都想不出好办法，渐渐地失去了信心。

这时，“半路又杀出一个王海”，他针对当时的情况，结合过往经验和很多专业书籍，想出了能高效解决这一难题的办法。通过使用他的办法，这项工程省下了数百万元的资金。也由此，一名普通的钳工获得了陕西省及全国职工自学成才奖，被中铁工程总公司授予“工人设计师”称号。

在我们之中，大部分人是普通又平凡的，但有些普通人却做出了不普通的事情，获得了不普通的成绩。我们也期待实现职场逆袭，可那并不能靠异想天开，只有踏踏实实做好分内事，并拥有强烈的创新意识，才能真正地“逆天改命”。

在岗位创新上看，普通员工一样能变得不普通，要做到从普通走向优秀，从优秀走向卓越，首先就应学会凡事一分为二，看到本质。工作中出现问题是常有的事儿，透过一个个问题，我们应当看到的是隐藏在背后的机会。有效解决问题，便是为自己的“突围”增加创新砝码。有人会说，很多问题并不是那么容易解决的，所以，就要通过学习和借力来达成愿望。

学习即是为自己蓄能充电，以备不时之需；借力则是借助包括团队在内的一切资源为自己所用，达成目标。

总而言之，在一切都快速发展的新时代，求新求变是唯一的变化，我们务必要绷紧“创新弦”，勇于进取，尝试多种拓宽思维的方式，以创新求变的精神开拓自己的职场之路。

4. “五小”创新，开辟“同质化突围”新路径

什么是“五小”创新？即小发明、小革新、小改造、小设计、小建议，别看都是从不起眼的地方入手，但绝不是“小打小闹”，而是能够带来大变革和大创造。

在实现岗位创新方面，“五小”创新意义非凡。我们在工作中会遇到很多问题，或许它们不会直接影响并决定企业的经营及发展，但这些问题会随着积压和发酵变成大问题，而“五小”创新便会在这个过程中发挥出巨大的能量，可以把妨碍企业发展的小问题逐一解决。

而从增强个人职业竞争优势的角度看，“五小”创新宛若为我们提供晋升机会的跳板，只要你是个拥有创新思维的人，善于在工作中发现问题并提出解决办法，就会在激烈的职场竞争中开辟出一条“同质化突围”新路径。

孔利明被称为“孔发明”，他是宝钢的一名普通汽车电气维修工。他是个喜欢在工作中动脑、动手的人，也由此演绎了一个个令人赞叹的发明故事。

他进厂不久发现的第一个问题，便是进口汽车的某些易耗件用量很大，国外备品的价格昂贵，于是他建议厂里使用国产配件。可是一位驻厂的国外专家却认为国产配件不能用在进口车上，孔利明当然不服，便利用业余时间做了大量实验，结果证明国产配件没问题，为厂里节约了十几万元。

还有一次，一台进口的装载机启动电机的“头壳”突然炸裂，掉进了发动机腔内，腔体深达1米，入口处又狭窄，如果等国外专家来维修的话，就会因为停产而产生30多万元的损失。孔利明当即揽过重担，表示给他一晚上时间好好想一想。

经过一夜的研究和苦想他也没有想出好办法，而因为劳累，他胃溃疡的老毛病又发作了。不过，胃疼却给了他“灵感”。他想：胃镜检查胃溃疡会先用内窥镜定位，这不正好与机器眼下出现的情况差不多吗？于是他仿照胃镜的样子用摄像头、红外源制作了一个简易的探视头。最终，他借助这个改进之后的工具顺利地把断裂物从发动机腔体中取了出来，使得机器可以顺利工作了。

孔利明是个碰到问题就“兴奋”的人，多年来，经他手解决的各类疑难杂症多达350个，所创造的经济效益高达1500余万元，此外还完成了与日常生活相关的400多个创新发明。

有人曾质疑孔利明所谓的发明太小儿科，比如汽车转弯报警等，算不上有难度的创新发明。不过回头想想，即便高难度的发明创造最初恐怕也来源于小发明、小创造，更关键的还在于，小发明、小创造更能解决生活和工作中的实际问题。孔利明常挂在嘴边的一句话是："发明创新就在身边，只有善于发现，才能不断创新。"

当"五小"创新活动在全国职工中广泛开展之后，除了个人，企业乃至于整个社会都收获了可观的效益。

我们渴望在工作中实现创新，但创新却并不是轻易就能实现，所以"五小"创新便补足了这一块空白，让我们可以"以小见大"，"以小博大"。

工作中常会出现各种影响我们工作效率甚至心情的难题或意外事件，所以通过适当的改进、革新，剔除不利因素，甚至把难题变成降本增效的助推力，都会让我们获得更强的职业竞争优势。

在产、供、销等各个环节，甚至管理领域，我们都可以有一些小发明、小建议等，这样的创新活动会突出实际、实用、实效，从而提升我们的核心竞争力。

很多企业通过奖励鼓励员工创新，这也激发了企业员工从各个方面进行创新的热情。

随着创新的多样化，涌现出了更多的创新团队和创新基地，随之而来的是更多创新型员工。"五小"创新活动牵动的是社会范围内的大利益，利益"反哺"创新，从而促使更多具有创新意识的员工加入这样的阵营之中。

朱志明是开元公司选煤厂的技术骨干，他是个在工作中能够积极开动脑筋，找寻更高效管理设备办法的创新达人。

他知道煤矿企业有着种类众多、型号复杂的机电设备，如何能快速准确地查找设备信息，成了企业长期面临的一个难题。

现如今，“二维码”早已成为人们使用最为普遍的“工具”。由此，朱志明想道：“互联网时代‘一物一码’技术应用非常广泛，那咱的每台设备固定一个二维码，把设备的原始数据、维护信息录入，并与设备二维码进行捆绑，形成每台设备的‘动态档案’，那样，维护人员通过手机扫描设备的专属二维码，不就可以实现精准查询和跟踪管理设备了嘛！”

有了想法，朱志明马上开始行动。2019 年 3 月下旬，他开始上网学习，查找关于二维码的资料，连续十几天加班加点，反复对程序、定义设备编号并录入设备信息，终于完成了第一台设备的二维码。

不过，要想集齐所有设备的精准信息并不容易，于是他借助“工控网”“智能制造之家”等手机客户终端来了解设备的自动化、信息化、网络化等发展趋势，又进行了一系列的现场查看、整理设备说明书等，系统、全面地整理好了公司的选煤设备。

10 个多月后，他编写出《开元公司选煤机电设备管理手册》，整个手册共计 1 万余字，且包含近百幅设备插图和管理数据表格，其中从轴承、联轴器、三角带、管路、三相交流异步电机等 26 类设备的结构代号、安装检测、功能类型、保养程序、故障分析、产品明细等方面都做了一一说明。

有了这个“宝典”，员工们在检查设备时不再只凭经验，只要用手机扫码就可以清楚地看到设备的运转、维修及保养等详细情况。朱志明说：“二维码在机电设备中的应用，极大方便了机电设备管理，选煤系统所有的岗位工、维护工、机电管理人员都可以通过手机扫描二维码了解设备型号、运转、维修、保养情况，大大提高了日常管理水平。”

一个小小的改进，便为同事带去了极大的工作便利，也为企业创造了更大的效益，这都得益于“五小”创新活动在企业中的推广。

我们在岗位创新上，也应该立足于“五小”创新，用学习改变思维，用思维改变习惯，用习惯改变行为，以行为铸就未来！